Sepp Forcher

Einfach glücklich

Sepp Forcher

Einfach glücklich

Was im Leben wirklich zählt

Brandstätter

EINFACH GLÜCKLICH

Ja, sie gehören zusammen, die Einfachheit und das Glücklichsein. Und sie haben auch eines gemeinsam, sie sind nicht erlernbar.

„Einfach glücklich" ist die Summe von unzähligen, meist kleinen, selten großen Momenten, Begegnungen, Erfahrungen, Erlebtem und Erträumtem. Es ist eine Art Lebensleiter, die man Sprosse für Sprosse erklimmt. Kommt man in die Nähe der obersten Sprossen, breitet sich – so geht es mir zumindest – ein schönes Gefühl der Zufriedenheit aus, deren reinstes Destillat man Glück nennen kann.

ROM

Mit unserem Freund, dem Künstler, fuhren wir nach Rom. Eine schöne Zeichnung von ihm, mit der Engelsburg als Motiv, wird ein Auslöser für diese Reise gewesen sein. Wir mieden die Autobahn, und nach zwei erlebnisreichen Reisetagen bezogen wir unser Quartier in der Via Clitunno in Rom.

Es war dies mein insgesamt vierter Aufenthalt in der ewigen Stadt. 1930 Geburt, 1972 mit Zelt, 1985 mit lieben Freunden und schließlich als Abschluss 2010. Fast achtzig Jahre nach meiner Geburt. Vor der Abreise habe ich meinen Taufschein herausgesucht, weil ich in Rom endlich jene Kirche besuchen wollte, in der mir das Sakrament der Taufe zuteil wurde.

Ein ganzer Tag war für die Suche vorgesehen, aber zu unserer Überraschung stellte sich heraus, dass meine Taufkirche lediglich fünf Gehminuten von unserer Wohnung entfernt war. In den 1950er Jahren musste das Gotteshaus einem Neubau weichen, aber das alte, steinerne Taufbecken blieb erhalten. Viele Gedanken schwirren einem da durch den Kopf. Ich dachte an unseren verstorbenen Sohn Peter, der in der Hietzinger Kirche in Wien, und an Karl, der in Oberalm bei Salzburg die Taufe erhielt. Wie mag es wohl meiner Mutter ergangen sein? Meiner Tante, die damals als Tiroler Kindermädchen in Rom Dienst tat? Acht Tage nach meiner Geburt waren meine Mutter und ich wieder zurück in Südtirol. Mit Johann, dem

Künstler, fuhren auch wir nach acht Tagen wieder zurück nach Salzburg.

Das Gefühl, am Abend seines Lebens dem Anfang desselben gegenüberzustehen, lässt sich schwer in Worte fassen.

KINDHEIT

Wenn man dem Seelenzustand des Glücklichseins auf den Grund kommen will, erreicht man mit Sicherheit die frühesten Kindheitsjahre. Die Großmütter sind es, die, zumindest in meiner Kindheit war es so, das Wesen des kleinen Menschen prägen. Meine Großmutter, die einige Jahre über mein Fortkommen wachte, war die Tochter einfacher Bauersleute. Streng katholisch, wie sie selber erzogen war, gab sie ihre Grundsätze auch dem kleinen Enkel weiter. Sie war eher wortkarg, aber sehr geduldig, streng war sie nur, wenn es um die Einhaltung religiöser Sitte und Ordnung ging. Das Wort „Glück" oder „glücklich sein" habe ich von ihr nie gehört. Die Armut, in der wir lebten, ließ solche Fantasien nicht zu, und dennoch bleibt die Zeit, die ich unter dem Schirm meiner Großmutter verbringen durfte, obwohl ich mich bemühe, sie nicht zu verklären, eine schöne und unbekümmerte.

Jetzt bin ich selber Großvater und glücklich, weil mein Enkel eine, wie man heute sagt, wohlbehütete Kindheit erleben darf. Seine Zeit ist – im Gegensatz zu meiner Kindheit – eingeteilt, denn alles muss seine Grenzen haben: Sport, Spiele, Schule, Religion und Freunde. Es ist ein beneidenswertes Leben, das mein Enkel führen kann, seine Eltern hüten ihn sorgsam und mit zarter Hand. Ich habe ihm das Schachspiel beigebracht und er bemüht sich nach Kräften, mich zu besiegen. Manchmal gelingt ihm das. Im Vergleich zu meinen frühen Jahren bin ich mir nicht ganz sicher, wer von uns beiden das bessere Los gezogen hat. Was wir gemeinsam haben, ist eine reiche Fantasie.

GERUCH UND GESCHMACK

Mein Großvater schnitzte in seiner kleinen Werkstatt Krippenfiguren aus Zirbenholz und bemalte sie dann mit Ölfarben. Der Geruch, der seine Werkstatt durchzog, blieb mir genauso in Erinnerung wie der Geschmack der zerlassenen braunen Butter, die, mit Zimt und Zucker vermischt, das Mehlmus zu einer Köstlichkeit werden ließ. An üble Gerüche kann ich mich hingegen nicht erinnern.

Mein Enkel hat eine feine Nase und einen ausgeprägten Geschmackssinn. Wir Alten freuen uns darüber und tun alles, um diese Gabe der Natur nicht verkümmern zu lassen.

Ich glaube, es ist kein Irrtum, wenn ich die Feinheit der Geruchswahrnehmung mit dem Gefühl des Hungers in Zusammenhang bringe. Speziell aus der Nachkriegszeit sind mir da etliche Empfindungen präsent geblieben. Der Geruch nach frischen Bauernkrapfen zog sich in der Winterszeit oft weit über die Felder hin, man wusste von der Unerreichbarkeit des Genusses, und gerade deshalb denkt man gerne daran zurück. Unerfüllte Wünsche und Begierden haben eben ein langes Leben. Brot, frisch aus dem Backofen, Mehl von den Mühlsteinen, Tabak aus Pfeifen und Zigarren – das alles sind Traumgerüche, unterschiedlich duftend und riechend, machen sie doch eine Welt aus. Frisches Heu, ein Kuhstall, Pferde und immer wieder Blumen – in meiner Nase vorwiegend Alpenblumen – kommen mir da in den Sinn: etwa die Goldprimel oder die Königin der Geruchsspender in den Bergen, das Kohlröschen, eine kleine Orchideenpflanze; und immer wieder Essbares wie Schweinsbraten, Leberknödel, Kalbsgulasch, Apfelstrudel, Buchteln und Kasnocken. Vieles davon hat an Ansehen verloren, vor allem deshalb, weil wir kein natürliches Hungergefühl mehr kennen. Gehungert wird jetzt nur mehr, wie man meint, dem Körper zuliebe, tatsächlich empfinde ich diese Art des Eitelkeitshungerns als Frevel und Hemmnis für jegliches Glücksgefühl.

Prägend für meine Jugendzeit war die Wonne des Sattessens. Sie wurde mir nur selten zuteil, vor allem aber dann, wenn ich bei Bauern in Oberösterreich zum Mitessen eingeladen wurde. Die Worte „Bua, iss nur" bekam ich dort oft zu hören. Zu spüren, wie sich die Gastgeber über meinen riesigen Appetit freuten, das war einfach Glück, in einer reinen, animalischen Form.

WÜNSCHE

Sehnsüchte und Wunschgedanken suchten mich als Fünf- bis Sechsjährigen erst heim, als mir bewusst wurde, dass ich mit meiner Kleidung, meinen Schuhen – Spielzeug hatte ich keines – Sachen an meinem Körper trug, die schon einige Lebensstationen durchgemacht hatten. Einmal bekam ich einen gebrauchten Pullover geschenkt und ich freute mich darüber, empfand keine Spur von Beschämung.

Wenn ich sah, wie andere Kinder mit Spielzeug verwöhnt wurden, regte sich in mir schon manchmal zaghaft der Wunsch, ein Spielzeugauto aus Blech, eine elektrische Eisenbahn oder gar einen Baukasten oder ein Schiff zu besitzen. Die Unerfüllbarkeit dieses Träumens konnte ich einsehen, das Wünschen blieb. Aus den Baumrindenstücken, die ich im Bächlein treiben ließ, wurden in meinen Gedanken große, stolze Schiffe, ein Ameisenhaufen verwandelte sich in eine mächtige, uneinnehmbare Burganlage – so verdrängte die Natur zeitweise das bunte Blech. Sind die Kinder heute, in der Zeit der Kinderzimmer, des Plastikspielzeugs, der Überfülle an elektronischen Reizen, besser dran? Ich glaube nicht. Aber wenn ich manchmal sehe, was eine Baumrinde, ein Fichtenzapfen, ein Ameisenhaufen, ein kleines Bächlein an Begeisterung auszulösen vermögen, werde ich sehr zufrieden. Es sind die kleinen Dinge, die unauffälligen, die unscheinbaren, denen man die ersten Hinweise auf dem Weg zum Glücklichsein verdankt.

RÜCKBLICK

Der Rückblick vom Hochsitz des über Achtzigjährigen findet wenig Bejammernswertes. Die Kirche zum Beispiel ließ uns alle in schöner Gleichheit zur Erstkommunion, zur Messe und zur Firmung schreiten. Die erste Tasse Kakao meines Lebens trank ich als Gast mit allen anderen Kindern beim Kooperator, der uns im Religionsunterricht betreute.

Ganz anders war es in der Schule, denn was uns da heimsuchte, war die vollkommene Verständnislosigkeit, die sich daraus erklären lässt, dass damals, im Südtirol der faschistischen Zeit, die Lehrer ausschließlich Italienisch sprachen und wir deutschsprachigen Kinder natürlich kein Wort davon verstanden. Wenn ich das mit der schulischen Betreuung meines Enkels vergleiche, frisst mich heute noch der Neid.

Zu allen Zeiten waren die Alten mit der heutigen Jugend unzufrieden. Das betraf vor allem die bürgerliche Welt, denn bei den Bauern und Arbeitern gab es für die Jugend wenig Gelegenheit zum Übermut. Die Strenge des Ablaufs der Arbeitstage ließ im wahrsten Sinn des Wortes keinen Spiel-Raum zu. Der Wohlstand, wie wir ihn heute kennen, wird uns als solcher gar nicht bewusst, wir brauchen den Vergleich mit jenen Abschnitten unseres Lebens, in denen dieser Begriff noch fremd war. Sicher, die Jugend unserer Tage wirkt auf den ersten Blick recht verwöhnt und privilegiert. Sie dürfen so vieles, an das wir nicht einmal zu denken wagten, aber sie müssen auch vieles tun und in Kauf nehmen, das uns erspart geblieben ist.

Das größte Geschenk, von dem die heutige Jugend unwissentlich zehrt, ist der Frieden, der in Europa herrscht.

DIE NEUE HEIMAT

Die einzige Uniform, die ich in meinem Leben tragen musste, war jene der Hitlerjugend. Ich trug sie weniger aus Überzeugung, sondern mehr vor lauter Freude, ein neues Hemd und eine neue Hose zu haben. Politisches Denken einem Zehn- bis Fünfzehnjährigen zu unterstellen, wäre in meinem Fall zu hoch gegriffen.

Was man in jenen Jahren Disziplin und Ordnung nannte, erfuhr ich zwischen 1940 und 1944 im Schülerheim in Salzburg. Meine Eltern hatten als Südtiroler für das Deutschtum optiert, wir mussten die Heimat verlassen und fanden eine neue, gute Heimat im Salzburger Land. Meine Deutschkenntnisse waren verhältnismäßig umfangreich, fanden jedoch nur in meinem Pustertaler Dialekt hörbaren Ausdruck. Es dauerte einige Zeit, bis ich mich auf die neue Ausdrucksweise einstellte, bis ich mich an Disziplin und Ordnung im Heim gewöhnte. Sondermeldungen, Ansprachen des Führers, Absingen des Deutschland- und des Horst-Wessel-Liedes waren Höhepunkte in unserem Heimleben.

Von dort kommt höchstwahrscheinlich auch mein Unabhängigkeitsstreben: dass ich es einmal so weit bringe, dass ich nicht mit der Trillerpfeife geweckt werde, dass mir niemand etwas anschaffen kann.

Glücksgefühle? Keine bekannt! Was ja auch kein Wunder ist, denn mein schulischer Erfolgsweg begann mit einer Rückstufung in die dritte Volksschulklasse.

Damals wurde noch kurrent geschrieben, eine Schreibweise, die mir völlig fremd war und deren mühsames Erlernen mir vor allem den Nachteil einbrachte, dass ich mich für einen schlechten Schüler hielt. Ein Gefühl der Minderwertigkeit suchte mich heim, und als ich im ersten Trimesterzeugnis in Heimatkunde einen Dreier bekam, war mir das genauso peinlich wie meine Unfähigkeit beim Turnen, wo es mir nicht gelang, mich an der Kletterstange emporzuquälen.

Für meine Eltern waren meine Schulergebnisse, so empfand ich es damals, vollkommen bedeutungslos. Ich hörte auch in späteren Jahren weder Lob noch Tadel von ihnen. In ihrer Jugend, als sie Zeugnisse erhielten, wird es ihnen genauso ergangen sein; das denke ich mir halt.

Zu meiner Überraschung konnte ich am Ende des Schuljahres mit dem besten Zeugnis aufwarten. Obwohl der Dreier in Heimatkunde blieb, suchte mich erstmals ein Gefühl heim, zu dem ich heute „kleines Glück“ sagen würde.

HERR UND FRAU HOFRAT

Das Hofratsehepaar durfte ich einmal in der Woche besuchen, die Heimleitung erteilte die Erlaubnis für den zweistündigen Ausflug, und als ich das erste Mal die vornehme Wohnung betrat, wagte ich mich kaum zu rühren. Da stand ein Klavier, Regale, angefüllt mit Büchern, auf dem Boden Teppiche, Möbel, die ich nicht zu betasten wagte. Scheu und staunend stand ich in einer Welt, die mir fremd war.

Die Frau Hofrat, Tochter eines altösterreichischen Generals, konnte mit Kindern nicht besonders gut umgehen, und nach meinem Gefühl sah sie in mir so etwas wie einen Gruß aus den Bergen, denn die Berge liebte sie. Zu meinem Glück. Ich hatte einen Heidenrespekt vor ihr, ich habe mich auch nie getraut, sie zu bitten, auf dem Klavier, diesem schwarzen Ungetüm, das damals wohl zum feinbürgerlichen Standard gehörte, etwas zu spielen. Dass ein Klavier weiße und schwarze Tasten hat, habe ich dort nie gesehen.

Der Herr Hofrat, ein feiner, milder und hochgebildeter Herr, schenkte mir einen Taschenkalender. Der war zwei Jahre alt.

Heute denke ich noch oft an die beiden Herrschaften und ich tue es in Dankbarkeit, nicht nur weil sie mich eine Zeitlang zwei Stunden in der Woche in ihrer Wohnung ertrugen. Sie gingen mit mir armen Wesen in Salzburger Geschäfte, um für mich die vom Schülerheim geforderte Grundausstattung zusammenzubetteln. Dass ich nicht die schönsten und besten Stücke bekam, störte mich nicht, weil ja alles neu war. Ich wusste auch nicht, was ein Pyjama ist.

Aber heute weiß ich, was sie für mich getan haben, ohne sich den Mantel der Barmherzigkeit umzuhängen, ohne Dankbarkeit zu erheischen – das werde ich den beiden nicht vergessen.

DER LEHRER

Von der vierten bis in die siebte Volksschulklasse wurden ich und meine Mitschüler von einem Lehrer betreut, dessen Andenken mir heute noch teuer ist. Er hieß Alois Sending, war älteren Jahrgangs, streng, manchmal jähzornig und unerbittlich in der Einhaltung seiner Lehrziele. Außerdem war er – und das war für die Zeit zwischen 1938 und 1945 ungewöhnlich und auch nicht ungefährlich – überzeugter Österreicher. Vor allem im Geschichtsunterricht brachte er uns tröpfchenweise Österreich-Denken bei und ich bin überzeugt, dass kein anderer so viel zu meiner Österreich-Liebe beigetragen hat wie er. Tatsache ist, so sehe ich das heute, für ein Österreich-Bewusstsein ist das richtige oder falsche Absingen der Bundeshymne zu wenig.

Gleichzeitig war er auch der erste Mensch in meinem Leben, der mein Selbstbewusstsein – an dem ich bis heute keinen Mangel leide – geweckt und gefördert hat. Leider konnte ich ihm meine Dankbarkeit in späteren Jahren nur dadurch erweisen, dass ich bei jedem Gang durch den Salzburger Petersfriedhof sein Grab besuchte.

So wird man sich im Leben oft erst spät des Weichenstellers bewusst, der dafür gesorgt hat, dass man sich auf dem richtigen Schienenstrang fortbewegt.

WASSER

Die Söldenhütte – heute Dr.-Heinrich-Hackel-Hütte – im Tennengebirge liegt auf über 1500 Meter und wurde von meinen Eltern ab dem Jahre 1940 bewirtschaftet. Der Vater starb 1957 und die Mutter führte den Betrieb bis 1960 weiter. Die Hütte bot damals Platz für ungefähr dreißig Personen und neben der Hütte floss jahraus, jahrein klares Wasser aus dem kleinen Brunnen, der so zum Mittelpunkt meiner körperlichen Hygiene wurde; Zähne putzen, waschen, immer mit eiskaltem Wasser. Wenn meine Mutter im Winter die Leintücher wusch, erstarrten sie schon beim Aufhängen in der Kälte zu steifen Gebilden. Sobald große Schneemengen fielen, musste der Brunnen ausgeschaufelt werden, genauso wie das Häuschen mit dem Herzerl in der Tür.

Bei den Bauern unten im Tal floss der Brunnen, so wie bei uns oben am Berg, ungehemmt das ganze Jahr dahin. Das Wasser wurde von der Quelle durch eine lange Leitung geführt, die aus gebohrten Holzstämmen bestand. Klares Brunnenwasser also, als schöne Selbstverständlichkeit, die nur dann unterbrochen wurde, wenn die Leitung verstopft war.

Heute würde man sagen, es war für mich ein Kulturschock, als ich bei meinem Eintritt in das Salzburger Schülerheim mit zehn Jahren das erste Mal in meinem Leben unter eine Brause musste, und das weiterhin in schöner Regelmäßigkeit zweimal am Tag. Duschen,

Zähne putzen, Betten bauen, Frühsport, Flaggen hissen – ohne Schaden zu nehmen ertrug ich das alles nur, weil es meine Heimgenossen auch hinnehmen mussten. Der Segen, die Wassertemperatur zwischen kalt und warm regeln zu können, hinterließ in unseren Knabenhirnen keine Spur.

Immer wieder lehrt mich die Natur mit ihrer kleinen Wasserwelt das Staunen. Zum Beispiel, wenn in 2000 Meter Höhe ein kleiner Tümpel, an seinen Rändern kaum vom Eis befreit, schon zur Heimat von Hunderten Kaulquappen geworden ist, oder wenn in einem hoch gelegenen Gebirgssee Fische überleben; und dann das prachtvolle Spiel des gefrorenen Wassers, Orgeln aus Eiszapfen, Märchenfiguren im Höhleneis.

Als Hüttenwirt auf dem Untersberg lernte ich einen anderen Umgang mit dem gefrorenen Wasser. Im Gegensatz zur Söldenhütte blieb am Zeppezauerhaus, das wir bewirtschafteten, im Winter das Wasser aus. Die kleine Quelle fror zu und ebenso das Wasser im Wasserschloss. Zum Kochen wurde das Eis aus dem Wasserschloss herausgehackt und auf dem Herd in großen Gefäßen geschmolzen. Das Gleiche geschah mit dem Schnee, sodass wir da oben monatelang den Luxus von zwei unterschiedlichen Wasserqualitäten genießen konnten: Das gefrorene Quellwasser wurde zum Kochen und Trinken verwendet, das geschmackfreie Schneewasser zum Waschen.

Im Frühjahr, wenn dann der warme Wind die eisigen Schleusen öffnete, schlich sich bei uns, gleichzeitig mit dem Wasser aus dem Brunnen, ein Glücksgefühl ein.

TELEFON

Das Telefon nahm man in meiner Bubenzeit nur in Anspruch, wenn es um sehr ernste Dinge ging, zum Beispiel um alpine Unfälle. Das nächste Telefon war von der Söldenhütte aus in eineinhalb Stunden zu erreichen und weil ich, wie man damals sagte, „junge Füße“ hatte, die schnell laufen konnten, durfte ich immer den Telefondienst übernehmen. Wenn ein Unfall geschah, wurde in der Regel mein Vater als Hüttenwirt verständigt, der mich dann sofort losschickte, um telefonisch Hilfe zu erbitten, während er sich zur Unfallstelle begab. Das Telefon im Wenghof – mit seiner Kurbel und den Stöpseln – wurde von der Wirtstochter bedient, während ich auf die Hilfsmannschaft wartete, um dann mit den Männern zum Unfallort aufzusteigen.

Genau so umständlich, wie es sich schreibt, kommt einem heutzutage so eine Rettungsaktion vor. Mobiltelefon und Hubschrauber haben so gesehen viel Gutes für die Menschen in den Bergen gebracht.

HOCHZEIT IN MARIA PLAIN

Die Hochzeitsgesellschaft, zu der ich gehörte, fuhr von Pfarrwerfen auf einem offenen Lastwagen über den Pass Lueg nach Maria Plain bei Salzburg. Es war kurz nach dem Krieg, das Brautpaar saß im Führerhaus des Lkw, die Gäste auf ungehobelten Brettern hinten drauf. Nach der Trauung gab es ein – der Zeit entsprechend – bescheidenes Essen, zu dem einiges vom mitgebrachten Schnaps getrunken wurde. Zum ersten Mal in meinem Leben hörte ich das alte Brautlied. Ich musste mich beim Zuhören sehr beherrschen, weil einer der beiden Sänger einen riesigen Kropf hatte, an dem die Adern während der Darbietung stark hervortraten. So hat mir ein Kropf geholfen, das alte Brautlied in meiner Erinnerung lebendig zu halten.

Die einfache Hochzeit mit einfacher Musik hat zu einer lang anhaltenden, glücklichen Ehe geführt.

FESTLICHKEITEN

Ein großes Fest waren immer – und sind sie auch heute noch – die Almabtriebe im Herbst. Die prachtvoll geschmückten Pinzgauer Rinder mit ihrem Geläut aus Hunderten verschiedenen Kuhglocken, die Almleute, die kleine Krapfen unter das Volk warfen, das alles ergab eine Stimmung, die ich nie vergesse.

Der fremde Prunk, den ich auch erleben durfte, hinterließ keinen so tiefen Eindruck wie die schönen Rinder. Dem italienischen Kronprinzenpaar wurde bei der Einweihung des – von der Südtiroler Bevölkerung gehassten – Alpini-Denkmals in Bruneck ein großartiger Empfang bereitet. Ein plüschroter Baldachin, Thronsessel, militärischer Prunk und auf Befehl jubelndes Kindervolk in schlecht sitzenden Uniformen.

Ähnlich, aber viel großartiger, die Feste im Deutschen Reich, im Gau Salzburg, wie es damals hieß. Uniformen, Fahnen, Musik, große Reden, und im Heim gab es zum Frühstück Kakao. Die Almabtriebe gestalteten sich in der Kriegszeit einfacher. Das Läuten der Kuhglocken ging, wie immer, ins Gemüt.

Das größte Fest war der Heilige Abend. Meistens bekam ich ein Paar von der Mutter gestrickte Wollsocken oder Fäustlinge. Und einmal von einem Wiener Ehepaar ein Buch – „Robinson Crusoe“. Im Rückblick kann ich sagen, dass dieses Buch eines der wertvollsten Geschenke war, die ich jemals erhielt, denn es machte mich zum Leser.

LESEN

Was mit „Robinson Crusoe", den „Griechischen Heldensagen" und Nansens „Eskimoleben" begann, umfasste mit der Zeit fast alle Bereiche des gedruckten Wortes, deren ich habhaft wurde. Ein alter Mathematikprofessor, der mir gegen Ende des Krieges Nachhilfeunterricht erteilte, überraschte mich mit seiner Sammlung aller Karl-May-Bücher. Nach und nach durfte ich sie lesen, und so wurden neben dem Rechnen auch Winnetou und Hadschi Halef Omar Prüfungsgegenstände meiner fragmentarischen Bildung.

Vieles von dem, was ich damals las, verstand ich kaum oder überhaupt nicht. Nietzsche, Schopenhauer blieben mir lange fremd. Goethes „Faust" hingegen – ich bekam ihn geschenkt – wurde für lange Zeit mein Lebensbegleiter. In den späten 1940er Jahren waren es dann die Heftchen der kleinen Humboldt-Bibliothek, die ich fast immer bei mir hatte. Beim Tragen schwerer Lasten auf den Berg hinauf wurde bei jeder Rast gelesen.

Goethe, Schiller, Kleist, Lessing, Shakespeare, Nestroy waren meine geistige Grundnahrung. Der Nutzen, den ich daraus zog, zeigte sich darin, dass ich nun in Gesprächen mit unseren Gästen – auch den Maturanten und Akademikern – standhalten konnte. Erst viel später wurde mir bewusst, mit welch freundlicher Nachsicht meine oftmals naiven Argumente bedacht wurden. Unzählige Schundhefte und allerlei politisches Geschreibsel konnten meine Leselust bis ins hohe Alter nicht bremsen, und mittlerweile weiß ich auch um die Unentbehrlichkeit dieses Bodensatzes als – wenn auch fragwürdige – Grundlage menschlichen Wissens Bescheid.

Meine Karriere als Leser ist am ehesten mit der Besteigung eines Berges zu vergleichen: Nach den ersten überwundenen Schwierigkeiten treibt dich die Neugier weiter, das scheinbar Unüberwindliche belohnt dich, wenn du es schaffst, mit einem Gefühl der Stärke, das dich nicht mehr verlässt, bis du den Gipfel erreicht hast.

Das Glücksgefühl, das mich da oben heimsucht, ist dem ähnlich, das ich beim Betreten einer Buchhandlung oder einer Bibliothek empfinde. Dem Gipfelglück und dem Leseglück sind keine Grenzen gesetzt.

BERGSTEIGEN

Vielleicht war es der Mangel an anderen Reizen oder Vorbildern, mein Lebensideal wurde das Bergsteigen. Von außen gesehen muss einer schon ziemlich verrückt scheinen, wenn er, jahraus, jahrein im Gebirge lebend, seine freie Zeit damit ausfüllt, Gipfel zu besteigen und Wände zu durchklettern. So sahen es auch die Bauern, wenn ich mit ihnen im Wirtshaus zusammenkam. „Wozu soll das gut sein, da oben herumzusteigen, wo kein Schaf mehr hinkommt und auch keine Gams?" Das sei doch sinnlos. Meine wortreichen Versuche, mein Tun zu rechtfertigen, wurden fast immer mit freundlicher Nachsicht quittiert, ähnlich jener, die man geistig etwas benachteiligten Menschen entgegenbringt.

Die Geschichte des Alpinismus ist ja, von der Besteigung des Mont Ventoux durch Francesco Petrarca im 14. Jahrhundert und ähnlichen Episoden abgesehen, nicht besonders alt. Die Entwicklung vom klassischen Bergsteigen bis zur extremen Vielfalt der Gegenwart war jedoch so atemberaubend, dass ich heute mit meinen Anschauungen vom Standpunkt der Bauern von damals gar nicht mehr so weit entfernt bin.

Meine Überzeugung war und ist immer noch: Für jeden Lebensabschnitt gibt es einen Glücks-Berg. Im hohen Alter schrumpft er mehr und mehr, aber das Glücksgefühl des Gipfelsieges bleibt.

AUF DER ALM

Bei uns in der Familie wurde nie gesungen. Die ersten Lieder, die ich hörte, waren schwermütige Volkslieder, in denen Almrausch, Enzian und Edelweiß vorkamen, Untreue, Enttäuschung und der Tod. Gesungen wurden sie von der Lies, einer Sennerin.

Die alte Almhütte steht heute noch, sie ist an Leute aus der Stadt vermietet, die fast nichts an ihr verändert haben. Höchstens, dass anstelle der Esse, über deren Feuer einst der kupferne Kessel hing, in dem die Milch für die Käseerzeugung erwärmt wurde, heute ein kleiner Sparherd steht. Im späten Herbst, wenn die Mieter abwesend sind, berühre ich manchmal die uralten, von der Sonne dunkel gebeizten Holzstämme, aus denen sie erbaut ist, und wenn ich am Holz rieche, packt mich die Erinnerung und ich höre die Lies wieder singen, so als wäre es gestern gewesen und nicht vor mehr als siebzig Jahren.

Es gibt da oben mehrere Almhütten. Damals, zu Zeiten der Lies, wurde das Almvieh von Sennerinnen betreut, die meistens aus der Familie des die Alm besitzenden Bauern kamen. Acht bis zehn Kühe, einiges Jungvieh und etliche Schweine sorgten den ganzen Sommer hindurch für lange Arbeitstage.

In der Früh, fast im Finstern noch, mussten die Kühe gesucht und in den Stall zum Melken getrieben werden. Bei Regen und Nebel half oft nur der Klang der

Kuhglocken, die Tiere zu finden. Die einzige neuzeitliche Errungenschaft, die es gab, war die Milchzentrifuge, welche die Trennung des Rahms von der Magermilch möglich machte. Der Rahm wurde, wenn genug zusammenkam, im hölzernen Rührkübel zu Butter gedreht, die Magermilch im Kaskessel zu Topfen gerührt, der später zu einem Magerkäse weiterverarbeitet wurde. Mit der noch warmen Molke, wir sagten Juten dazu, wurden die Schweine gefüttert. Das Schweinefutter bestand fast ausschließlich aus gehackten Brennnesseln, etwas Kleie und warmer Molke. Von so einer schlichten Kost können heute selbst Biobauern nur träumen. Gerätschaften waschen, Stall ausmisten, zwei Stunden ruhen, dem Jungvieh, irgendwo draußen auf der Weide, Salz geben, dann wieder Kühe in den Stall, melken, und so weiter.

So ein Sennerinnentag war lang und hart und sie waren auf sich allein gestellt, drei bis vier Stunden und mehr vom Heimathof entfernt. Einmal in der Woche wurden Butter und Käse geholt und ein paar Laibe Brot gebracht. Ohne freien Tag vom Juni bis in den September hinein, dennoch waren sie gern da oben, und es mag wohl das Gefühl der Freiheit, der Ungebundenheit und des Selbstvertrauens gewesen sein, dass sie Jahr für Jahr die harte Pflicht wieder auf sich nahmen.

Die Lies hat dazu ihre Lieder gesungen und ich kleiner Bub saß da, eingesponnen in die Welt des gefühlvollen Volkslieds. Wenn ich heimkam, nörgelten meine Eltern über mein langes Ausbleiben, sie hatten wohl Sorge, die Milch in der Kanne könnte sauer werden. Alles, was in den vielen Jahren seither an wunderbaren, großartigen Musikerlebnissen auf mich einströmte, kann das Bild von der singenden Sennerin Lies in ihrer vom Rauch durchwaberten Almhütte nicht verwischen.

DIE MAULTROMMEL

Noten lesen habe ich nie gelernt, und das wird auch der Grund sein, warum ich außer der Maultrommel kein Musikinstrument gespielt habe.

In einer alten Zeitschrift aus den 1930er Jahren las ich von dem Ort, in dem diese seltsamen Musikinstrumente erzeugt und in die ganze Welt exportiert werden. Molln in Oberösterreich wird in den 1950er Jahren einen Großauftrag erhalten haben, denn da wurde das Welttreffen der Pfadfinder in Bad Ischl abgehalten. Als Erkennungszeichen wählten die Pfadfinder das tönende Brummeisen, die Maultrommel.

Heute ist die Maultrommel salon- und sogar konzertfähig. Aus der Volksmusik war sie ohnehin nie wegzudenken. Allein die Tatsache, dass manche Pfarrherren die Töne der Maultrommel für unsittlich hielten und das Spielen daher mit einem Verbot belegten, mag viel zum Überleben dieses eigenartigen Musikinstruments beigetragen haben.

Jahre später fand ich beim Saubermachen des Matratzenlagers – so heißen auf Schutzhütten die einfachen Schlafräume – eine verrostete Maultrommel. Ich schmirgelte den Rost weg, und als es mir endlich gelang, dem Eisen einen Ton zu entlocken, begann für die Helli ein wochenlanges Martyrium, denn ich übte bei jeder Gelegenheit, und es dauerte, bis aus den Misstönen Töne wurden.

Weit habe ich es mit meinem Spiel nicht gebracht, aber für einige Auftritte in kleiner Gesellschaft hat es gereicht.

DAS ERSTE RADIO

Mit der Anschaffung eines Radioapparates erfüllte sich mein Vater im Jahre 1940 einen Lebenstraum. Für den Betrieb des Gerätes wurden ein Akku und eine Anodenbatterie mit dem Ausmaß einer Schuhschachtel gebraucht. Der Akkumulator bestand aus einem Glasbehälter, hinter dessen dicken Wänden Bleiplatten in Schwefelsäure Strom speicherten. Heute, in der Zeit der akustischen Dauerberieselung, klingt es wie ein Echo aus fernen Tagen, wenn ich von der Sparsamkeit erzähle, mit der mein Vater den Wunderapparat betrieb.

Der Akku musste alle paar Monate aufgeladen werden, und das war nur in der Leitenmühle im Tal möglich, denn dort gab es ein kleines Elektrizitätswerk, das Werfenweng mit schwankenden Stromlieferungen versorgte. Hin- und Rücktransport des circa fünf Kilo schweren Blei-Schwefelsäure-Monstrums geschah mit der Hand. In jener Zeit, in der Milchkannen und Einkaufstaschen ebenso getragen wurden, war das nichts Besonderes. Der Unterschied bestand lediglich in der Distanz: Mühle – Söldenhütte: zwei Stunden Gehzeit.

Das Radio als kulturbringender Erziehungsfaktor wirkte sich auf meinen Werdegang nur sehr bescheiden aus, aber es brachte besondere Erlebnisse in die Bergabgeschiedenheit.

DER LIEBLINGSONKEL

Mein Onkel hieß Eduard. Alle, auch ich, nannten ihn Edl, eine in Südtirol damals übliche Abkürzung. Er war gelernter Sattler und Tapezierer, seine Handschrift war ungelenk, seine Schulbildung mangelhaft, und es wunderte ihn nicht im Geringsten, dass er nach kurzer Dienstzeit aus dem italienischen Heer entlassen wurde.

Er hat, wie die meisten damals, für Deutschland optiert, und für die deutsche Wehrmacht war er sehr wohl tauglich. Er diente bei der Fliegerabwehr, bis er 1944 in englische Gefangenschaft geriet.

Wenn er Urlaub hatte, vergaß er nie, mich im Schülerheim zu besuchen, und er war auch der Einzige in der Familie meiner Mutter, der sich um die bresthafte Großmutter im Altersheim kümmerte. Manchmal konnte er recht einfältig tun und reden, in späteren Jahren dachte ich oft an die Figur des braven Soldaten Schwejk, wenn er von seinen Kriegserlebnissen erzählte. Ich bezweifelte kein Wort davon, stellte mir höchstens die Ratlosigkeit seiner Kommandanten vor.

Er war gutmütig bis zur Selbstaufgabe, und obwohl er für seine Arbeit keinen hohen Lohn erhielt, half er mir, wenn mir das Geld ausging, mit kleinen Darlehen aus der Misere. In direkter Form habe ich meine Schulden bei ihm nie beglichen, und ich weiß, dass er das auch nicht erwartet hat. Heute bin ich froh, wenn ich daran denke, wie ich ihn, nachdem er wieder in

Südtirol war und mit wenig Erfolg eine Existenz aufzubauen versuchte, wieder zurückholte zu uns nach Salzburg.

Allein und unbeweibt, wie er war, hatte er den Wein als Seelentröster entdeckt. Seine Großherzigkeit und dadurch bedingt seine große Seele bedurften entsprechend großen Trostes. Einmal rechnete ich ihm vor, welche Unmenge Südtiroler Weines im Lauf der Jahre durch seine Kehle geflossen ist. Das Ergebnis erstaunte ihn sehr, machte ihn aber auch stolz.

Im Handwerklichen war er geschickt und erfindungsreich. Aus dürftigsten Materialien konnte er vom Werkzeug bis zum Schuhwerk alles fertigen, primitiv zwar, aber brauchbar. Als er älter wurde, verlegte er sich, wie einst sein Vater, aufs Schnitzen. Bergsteiger zuerst, und dann fast ausschließlich Christus am Kreuz und Maria mit Jesus. Als Kunstwerke habe ich seine Schnitzereien nicht ernst genommen, ich war ihm wohl zu nahe. Inzwischen weiß ich, dass mein Onkel Edl mit seinem guten Herzen, mit seiner großen Seele erfühlt hat, dass in jedem Stück Holz ein Teil der Schöpfung darauf wartet, mit dem Schnitzmesser sichtbar gemacht zu werden.

Mit über achtzig Jahren verstarb mein Lieblingsonkel – organisch unversehrt – an plötzlichem Herzversagen, und ein einfaches, zufriedenes Leben war zu Ende.

VORBILDER

Wenn man auf der Suche nach dem Glück ist, sollte man darüber nachdenken, welchen Vorbildern man nachgeeifert hat, und schon da wird man draufkommen, wie vielfach und wechselhaft diese Bildergalerie ist. Das Schöne dabei, man hat von allen und allem gelernt. Kritik, Niederlage, Demütigung – man sollte sich zwingen, sie in die Erinnerung zurückzuholen – sind für das Leben genauso wichtig wie die Freudenräusche und die Erfolgserlebnisse. Mit den Vorbildern ist es ja überhaupt so eine Sache, denn sie wissen fast nie, für wen sie es sind. Oft sind es nur Äußerlichkeiten, deren sie sich vielleicht gar nicht bewusst sind, die uns dazu bringen, sie zu bewundern, ihnen nachzueifern. Die Ernüchterung schmeckt oft bitter, aber das gehört eben zum Leben.

Zu meinen Vorbildern im Sportlichen zählten einige gute Skifahrer. Keine Kanonen, wie man früher sagte, sondern gute, solide Tourenfahrer. Wenn mein Können so groß gewesen wäre wie meine Begeisterung, wäre ich ihnen wohl ebenbürtig gewesen. Aber so konnte ich nur eines tun, ihnen mit Geduld und Ausdauer nacheifern, und als es dann so weit war, dass ich sie übertraf, war ich von mir selber überrascht. Aus den Vorbildern waren Sportkameraden und Freunde geworden.

Vorbilder sollten nicht immer unüberwindbar sein. Das Unbesiegbare taugt nicht dazu, weil unerfüllte Wünsche und Sehnsüchte dem Glück im Wege stehen.

ANSTIEGE IM TIEFEN SCHNEE

Meine Schulzeit fand im März 1945 ein ruhm- und zeugnisloses Ende. Das Schülerheim im Salzburger Bärengässchen war durch einen Bombenvolltreffer zerstört, wir Kinder wurden evakuiert, und ich entschloss mich heimzugehen, hinauf zu meinen Eltern auf die Söldenhütte im Tennengebirge.

Die Bahnfahrt, zuerst mit der Ischler Bahn und dann von Salzburg nach Dorfwerfen, wie Pfarrwerfen im Pongau damals hieß, dauerte zehn Stunden. Es war Nacht und ich fand auf dem Weg nach Werfenweng hinauf im tiefen Schnee nicht einmal die Spur eines Bauernschlittens. Beim Frommerbauer im Talschluss hinten drang kein Lichtschimmer aus einem Fenster, der Viehstall war unversperrt und bei den Kühen drinnen war es schön warm. Im Abteil, das den Kälbern vorbehalten war, lag Stroh, und darauf schlief ich ein, begleitet vom beruhigenden Atmen der Kühe.

Mein Vater war Bergführer und Skilehrer, aber das hat ihn nicht daran gehindert, mir die Grundkenntnisse des Skifahrens *nicht* beizubringen. Also bin ich zu Fuß im Schnee weitergestapft. Im Sommer geht man eine gute Stunde bis zur Hütte hinauf, ich habe sechs Stunden – oder vielleicht waren es sieben – gebraucht. Die Alten waren überrascht, als sie mich sahen, und das war es auch schon. Man sieht, in meiner Familie hatten große Gefühle keinen besonderen Platz.

Heute wird viel zu viel von Befindlichkeiten, von nebensächlichen Dingen geredet. Vom Glücklichsein ist kaum ein Wort zu hören. Vielleicht fehlen da lange Anstiege im tiefen Schnee?

HÖHLENBEGEISTERUNG

Im Jahre 1941 entdeckte der Salzburger Höhlenforscher Gustave Abel im Eiskogelmassiv im Tennengebirge eine Höhle, deren Ausmaße riesig waren. Der Höhleneingang liegt in 2100 Meter Höhe und nach den Gepflogenheiten der Höhlenforscher blieb die Benennung der Hallen, Gänge, Tropfsteine und Eisfiguren dem Entdecker vorbehalten. Abel scheint damals die „Odyssee" gelesen zu haben, denn die Innereien der Eiskogelhöhle tragen Namen, die auf Homer zurückgehen. Ithaka, Zyklopenblock, Halle der Circe, Grotte der Kalypso, Aeolus-Schlauch, Schleier der Arete, Gemach der Nausikaa, Halle des Alkinoos und so weiter.

Als ich zum ersten Mal die unterirdische Wunderwelt betrat, hatte ich weder von der Höhlenkunde noch von der homerischen Dichtung eine Ahnung. Wir waren zu zweit, ausgerüstet mit Karbidlampen, Seil und Steigeisen und einer unbändigen Neugier. Aber nach einigen Stunden ziemlich anstrengenden Herumsuchens mussten wir den Rückzug antreten, weil wir die richtige Fortsetzung im labyrinthischen Gangsystem nicht finden konnten. Vielleicht war es dieses Versagen, gepaart mit unbefriedigter Neugier, das meine Höhlenleidenschaft geweckt hat. Ich wurde Mitglied des Vereins für Höhlenkunde und nutzte jede Gelegenheit, die unterirdische Zauberwelt besser kennenzulernen. Die griechischen Heldensagen meiner Kindheit dienten mir als Leitfaden. Als man daranging, die Höhle für Besucher zu öffnen, und dazu einen Höhlenführer brauchte, fiel die Wahl auf mich. Von daheim bis zum Höhleneingang waren es nur eineinhalb Stunden Gehzeit, daher gab es auch keinen anderen Kandidaten für diese Aufgabe. Für meine Höhlenführerprüfung kam eine Kommission aus Wien angereist. Ministerialrat, Hofrat und Sachverständiger begaben sich mit mir in die Höhle, denn dort fand die Prüfung statt. Es erfüllt mich heute noch mit großer Achtung, wenn ich daran denke, welche Strapazen die hohen Beamten aus Wien auf sich nahmen, um so ein Bürscherl wie mich in meinem zukünftigen Arbeitsbereich in Augenschein zu nehmen. Allein der Marsch vom Bahnhof in Pfarrwerfen dauerte fünf Stunden. Den praktischen Teil der Prüfung, Klettern, Gehen mit Steigeisen, Handhabung von Seil, Pickel und Karbidlampe, bestand ich mit Leichtigkeit. Den theoretischen Teil schaffte ich mithilfe von Odysseus, dem Listenreichen, schließlich auch.

Anmerkung zur österreichischen Bürokratie des Jahres 1949: Weil ich zum Zeitpunkt der Prüfung das neunzehnte Lebensjahr noch nicht vollendet hatte, wurde ich nur zum „provisorischen Höhlenführer" autorisiert, als solcher konnte ich einigen hundert von mir geführten Höhlenfreunden viele schöne Erfolgs- und Glücksmomente in der Eiskogelhöhle vermitteln.

SCHNAPS

Schnaps brannten die Bauern in unserer Gegend immer im Winter. Schwarzbeeren, Vogelbeeren und einiges Obst, das zum direkten Verzehr zu sauer war. Ergebnis der Destillation waren der hochprozentige Vorlauf, der ausschließlich der äußeren Anwendung bei Mensch und Tier vorbehalten war, und der für die Gesundheit und manchmal auch für die Erhellung des Geistes notwendige Schnaps. Der Brennvorgang musste bei der Finanz angemeldet werden, der Brennkessel war von Amts wegen plombiert und durfte nur über den genehmigten, kurzen Zeitraum benutzt werden.

Daher war es kein Wunder, wenn im Brennkessel auch die ganze Nacht über die Maische am Brodeln war und den Alkohol am Rinnen hielt. Ich denke an mondhelle, eiskalte Nächte, in denen man beim Gehen auf der harschigen Schneedecke nicht einsank. Der Rauch des Feuers und der Geruch der heißen Maische konnten auch aus großer Entfernung wahrgenommen werden und übten meistens eine starke Anziehungskraft auf den nächtlichen Streuner aus.

Und so geschah es oft, dass die Brennhütte, die immer abseits vom Bauernhof stand, zum geselligen Treffpunkt von Nachtwandlern wurde, die, wie der Schnapsbrenner selbst, vom lauwarmen Hochprozentigen kosteten, sich Geschichten erzählten, bis die Zunge schwergängig wurde.

Und oft kündigte sich schon der Tag an, wenn die Gesellschaft unwillig die wohlige Wärme der Hütte mit der frostigen Außenwelt vertauschte.

EINFACH UND ZUFRIEDEN

Das kleine Häuschen, in dem die Familie wohnte, hatte in früheren Zeiten als Austraghaus gedient; wenn der Bauer den Hof seinem Nachfolger übergab, zog er mit der Bäuerin in bescheidenere Verhältnisse um, nur mit dem Nötigsten zum Weiterleben versorgt. Vorraum, Küche und Schlafzimmer genügten der fünfköpfigen Familie vollauf, um ein zufriedenes Leben zu führen. Der Vater war Briefträger, die Mutter half bei der Ernte aus.

Damals hatten auch die kleineren Gebirgsbauern ihren eigenen Getreideanbau und mancher baute sogar noch Flachs an. Aus dessen Fasern entstanden nach Erhitzen, Brecheln, Spinnen, Bleichen und Weben die rupfenen Leintücher, an die sich, wegen ihrer beißenden Rauheit, die feineren Leute mit ihrer zarten Haut nicht gewöhnen konnten. Heute haben alle eine zarte Haut und ein Leben ohne Dusche scheint unvorstellbar zu sein. Beim Briefträger gab es kein Bad und das Wasser musste vom Brunnen geholt werden. Es mangelte nie an Brennholz, das im Sommer zusammengetragen und zerkleinert wurde. Ich war als Besucher immer gern gesehen, durfte mich im Winter in der Küche wärmen und so zeitweise ein Teil der Familie sein. Was auf den ersten Blick ärmlich scheinen mochte, entpuppte sich als Ort stiller Fröhlichkeit. Bescheiden, sorgenfrei und zufrieden lebten sie dahin, in dem Gefühl, dass es ihnen besser ging als jemals zuvor.

Er war vor dem Krieg Bauernknecht gewesen, sie Magd. Im Krieg diente er als Soldat und nach seiner Heimkehr bot sich die Stelle als Briefträger an. Das war in der kleinen Gemeinde, mit ihren weit auseinander liegenden Gehöften, besonders im Winter, eine anstrengende Tätigkeit mit bescheidenem Verdienst, knapp ausreichend, um eine Familie zu erhalten. Die Wohnkosten konnte die Frau in der Landwirtschaft abarbeiten. Für die Kinder gab es keinen Kindergarten und für den schulischen Werdegang musste die Volksschule genügen.

Im Dorf gab es einen Bauern, der im Wirtshaus öfter einen über den Durst trank und dann regelmäßig auf der Heimfahrt auf seinem kleinen Pferdewagen einschlief. Eines Tages blieb das Pferd einfach stehen und alle Bemühungen des nun munter gewordenen Bauern, das Tier anzutreiben, blieben erfolglos. Der Gaul rührte sich keinen Schritt. Da half kein Fluchen, Schreien oder Schlagen. Als letztes Mittel legte er ein Büschel Stroh unter den Pferdebauch und zündete es an. Das Pferd ging genau so weit, bis der Wagen über dem Feuer stand, und hielt dann wieder inne. Verzweifelt hob der Bauer den Wagen zur Seite, doch dann kam der Briefträger des Weges und flüsterte dem Pferd ins Ohr, das sich daraufhin, fromm wie ein Lamm, in Bewegung setzte. Gefolgt vom staunenden Bauern und dem lächelnden Postler.

Gutes Zureden statt Gewalt führt nicht nur bei Pferden zum Ziel.

Das kleine Häuschen, in dem die Familie wohnte, steht schon lange nicht mehr. An seine Stelle hat man nichts mehr hingebaut, als ob man, wie in uralter Zeit, einen Ort des Glücks und der Zufriedenheit nicht entweihen wollte.

LEBENSRETTUNG

Im Sommer 1950 war ich als Träger zum Heinrich-Schwaiger-Haus am Großen Wiesbachhorn in Kaprun beschäftigt. Für die achthundert Höhenmeter vom Mooserboden zum Schutzhaus hinauf war ich mit einer Durchschnittslast von fünfzig Kilo drei Stunden unterwegs. Eines Nachts im August fiel über einen Meter Neuschnee. Einige der Hüttengäste hatten ihre Alltagsgewohnheiten noch nicht abgelegt und wollten, wie es heute wohl heißen würde, „aus Termingründen" zum Mooserboden absteigen. Der Weg war vollkommen zugeschneit und als solcher auch nicht zu erkennen, daher brauchten die eiligen Herrschaften einen Führer, nämlich mich.

Ich löffelte gerade mein Holzknechtmus, da begannen sie mich schon zu bedrängen. Sie hätten es schon recht pressant, sagten sie, worauf ich erwiderte: „Wenn das Muspfandl leer ist, gehen wir." In so einer Situation wird einem bewusst, wie gering bei Notlagen der Unterschied zwischen Oberen und Unteren ist.

Durch bauchtiefen Schnee watete ich dann talwärts, die Herrschaften brav und wohlgeordnet in meiner Spur hinter mir. Ein großer hagerer Mann in einem langen, graulodenen Mantel schritt, als wir den Talboden erreicht hatten, mit den Worten auf mich zu: „Sie haben mir das Leben gerettet!" Er breitete seine Arme aus und ich fürchtete schon, er würde mich an seine Brust drücken. Stattdessen drückte er mir ein Zwei-

Schilling-Stück in die Hand, mit dem ich mir dann im Konsum im Arbeiterlager zwanzig Stollwerkzuckerl kaufte, damals eine seltene Besonderheit.

KAPRUN

Die Bilder, die man heute vom Bau der Kapruner Staumauern zu sehen bekommt, sind meistens Sommerbilder. Vom Winter sieht man weniger. Die kalte Jahreszeit kommt nur im Zusammenhang mit Katastrophen vor. Im Winter 1950/51 waren es die Lawinen, die viele Opfer forderten. Nicht nur in Kaprun, auch Heiligenblut, Gerlos und viele weitere Orte waren betroffen. Bauernhöfe wurden weggerissen, Stromleitungen zerstört, und immer wieder wurden Menschen von den Schneemassen erstickt. Aber wie es im Leben so gehen kann, für mich, der ich damals als Hilfsarbeiter bei der Holzpartie in Kaprun beschäftigt war, ergab sich auf einmal die Chance zu einer arbeitsmäßigen Besserstellung.

Die Reparatur der vielen zerstörten Freileitungen erforderte den Einsatz von alpinkundigen Männern. Man musste Ski fahren können, Lasten tragen und im tiefen Schnee spuren. Das waren unbedingte Erfordernisse für die Leute vom Störtrupp. Die Einsätze waren gefährlich, aber das war schon alles, was man dabei empfand. Stundenlange Zustiege, das Herumwühlen im Lawinenschnee, um die abgerissenen Leitungen zu bergen und zu flicken, gehörte in Kaprun zu den ganz normalen Dingen.

Nachdem ich sozusagen die Schnee- und Lawinenprüfung bestanden hatte, gehörte ich dazu. Fortan konnte ich mir statt des Paprikaspecks täglich eine Leberkäsesemmel zur Jause leisten und im Konsum kaufte ich mir einen neuen Anorak. Mein alter stammte aus den Beständen der Deutschen Bergwacht aus den 1940er Jahren und war schon etwas schleißig und wasserdicht schon gar nicht, aber das war der neue vom Konsum auch nicht.

Immerhin, beim Störtrupp konnten wir viele Überstunden machen und entsprechend höher war der Lohn. In der Werkskantine aß ich nicht mehr so oft wie am Beginn meiner Kapruner Zeit, obwohl mich die Mahlzeiten immer sättigten. Aber im Gasthaus zur Mühle wurde das Essen serviert und es gab dort weiße Tischtücher.

Es gab auch eine Besserstellung das Quartier betreffend. In der Baracke 9 habe ich mich sehr wohlgefühlt, wir waren zu viert in einer Stube: ein Diplomingenieur, ein Wegmacher, ein Bauernknecht und ich. Vier Männer, wie sie verschiedener nicht sein können; herkünftig aus Wien, dem Pinzgau, dem Mühlviertel und aus Werfenweng. Der Mühlviertler kam immer in Gummistiefeln daher und es bedurfte einiger Überredungskunst, ihm einzutrichtern, dass er seine stinkenden Fußfetzen nicht an seinem Bettende zum Trocknen aufhängen darf. Wer weiß heute noch, was Fußfetzen sind; sie waren praktisch, wärmten und verhinderten meistens die Bildung von Wasserblasen.

Jeder hatte einen Spind in der Stube, in den er seine Habseligkeiten sperren konnte. Dazu gehörten mitunter auch Lebensmittel. In meinem Fall habe ich einmal im August zwei Rollen Quargel in den Spind getan, musste dann aber zu einem Störtruppeinsatz in den Oberpinzgau und kam erst nach einigen Tagen wieder nach Kaprun ins Hauptlager zurück. Während meiner Abwesenheit begann der Diplomingenieur einen Gestank wahrzunehmen. Ruhelos kreiste er durch die Stube, bis ihm auffiel, dass die Ursache des Übels in meinem Spind sein könnte. In Anwesenheit von Zeugen ließ er das Schloss aufbrechen, nahm den Quargel mit spitzen Fingern, wickelte ihn in Zeitungspapier und hängte das Paket an einer Schnur an das Barackenvordach.

Wer heutzutage in so eine Situation gerät, denkt zumindest an versteckte Leichen, damals haben wir nur gelacht. Ich musste für den Duftschaden nicht einmal ein Bier zahlen.

In unserer Bude war es auch, dass die Helli zum ersten Mal mit mir in einem Bett lag. Wir taten das in aller Keuschheit, nach einer sechzehnstündigen Bergtour. Der Wegmacher hat sich nur gewundert, weil er statt zweien vier Füße unter der Decke hervorragen sah. Er hat das erst viel später ganz nebenbei erwähnt.

Es wurde viel über Kaprun geschrieben, über die Baraber, über die brutale Härte der Arbeit, aber kaum einmal ist in all den Berichten und Büchern die Rede von der Menschlichkeit. Vielleicht weil es selbstverständlich war, einander zu helfen, ohne große Worte zu machen. Für mich war Kaprun so etwas wie eine Matura im Menschsein.

HUT AB

An einem Sonntag war's im Oberpinzgau. Unsere Arbeit wurde im Akkord vergeben, sodass wir durch schnelles Zupacken einige Stunden einsparen konnten, die wir dann im Wirtshaus Bier trinkend zubrachten. An jenem Sonntag saßen wir in unserer blauen Arbeitskluft an einem großen Tisch in der rauchdunklen Stube eines alten Bauernwirtshauses. In der gegenüberliegenden Ecke Karten spielende Bauern, die dem damals geltenden Brauch zufolge ihre Hüte nicht abgenommen hatten. Grüne Plüschhüte, die am Sonntag getragen wurden und nur in der Kirche das Haupt des Besitzers freigaben. Einer der lärmigen Kartenspieler war von Respekt einflößenden Körpermaßen: Er schien imstande zu sein, einen wilden Stier zu bändigen, seine Hände waren so riesig, dass die Spielkarten in ihnen verschwanden.

Damals genossen Arbeiter kein besonderes Ansehen, und an einem Sonntag im Arbeitsgewand in einem Bauernwirtshaus schon gar nicht. Einige in großen Schlucken genossene Biere hatten den Unternehmungsgeist meiner Kollegen geweckt und sie schlugen mir – wohl weil sie mich für einen unerfahrenen Naivling hielten – folgende Wette vor: Wenn es mir gelingen sollte, dem kraftstrotzenden Bauern den Hut vom Kopf zu nehmen, zahlten sie mir einen Doppelliter Bier. Ich nahm die Wette an, steigerte den Einsatz allerdings auf zwei Doppelliter, weil ich wusste, dass ein direkter Zugriff auf den Hut eine unverzeihliche Provokation wäre, die für mich schwere körperliche Schäden zur Folge haben müsste.

Am Bauerntisch ging es recht laut zu und ich setzte mich bescheiden als Kiebitz neben den Kraftlackel. Auf meine Frage, ob er einen Doppelliter Bier gewinnen wolle, sah er mich nicht einmal an, aber ich spürte seine Aufmerksamkeit. Ich erzählte ihm von der boshaften Absicht meiner Kollegen, mich mit der Bierwette der Kraft seiner Hände auszuliefern. Wenn er mir jedoch erlaube, ihm hier vor allen Leuten den Hut abzunehmen, könnte jeder von uns beiden in den Genuss eines riesigen Humpens voll frischen Bieres gelangen. Er unterbrach sein Kartenspiel nicht, hörte mir aber zu. Ohne mich eines Blickes zu würdigen und ohne die geringste Gemütsbewegung zu zeigen, sagte er: „Tuan oba!"

Was ich auch tat. Ich stand auf, nahm in einer feierlichen Geste mit beiden Händen den Hut, drehte mich damit zum Arbeitertisch, rief nach der Kellnerin und bestellte auf Kosten meiner Kollegen zwei Doppelliter Bier.

GROSSGLOCKNER

Sie waren zu zweit, der Große im dicken Überrock aus Bayern, der Kleine mit der dicken Brille aus Sachsen. Sie wollten von mir auf den Glockner geführt werden. Ich fragte sie, welche Bergerfahrung sie hätten. Der Bayer war einmal in seinem Leben auf der Zugspitze gewesen, mit der Zahnradbahn. Der Sachse hatte einige Luis-Trenker-Filme gesehen.

Weil sie gut zahlten, führte ich sie trotzdem. Steigeisen wurden ausgeliehen, und als wir schließlich die Adlersruhe erreichten, schlug das Wetter um. Es wurde stürmisch und begann zu schneien, der Glocknergipfel steckte in einer Wolkenhaube und ich dachte mir, jetzt werden die beiden bestimmt auf die Gipfelbesteigung verzichten. Aber *nein*, sie wollten weiter. Über den Kleinglockner bei miesen Verhältnissen und als einzige Seilschaft. Ich kam aus dem Staunen nicht heraus, die beiden zeigten keine Schwächen, also weiter über die Glocknerscharte und hinauf zum Gipfelkreuz.

Als wir nach unserem Gipfelsieg die Adlersruhe wieder erreicht hatten, dachte ich mir, sie würden genug haben und oben übernachten. Aber *nein*, sie stiegen mit mir ab und gaben nie zu erkennen, dass Schneesturm und Wolkenfetzen etwas Ungewöhnliches seien. Ich wunderte mich abermals, aus welchen Quellen die Menschen ihre Kräfte schöpfen können.

Seither sind fast sechzig Jahre vergangen und ich bin nicht sicher, ob die tollen Bergfilme unserer Zeit einem alpinen Laien so viel Zuversicht vermitteln können wie weiland die Trenker-Filme dem großen Bayern und dem kleinen Sachsen.

RETTER IN DER NOT

In einen Schneerutsch bin ich als Skitourengeher öfter geraten und ich konnte mich auch immer selbst befreien. Vor Lawinen hatte ich eine Heidenangst, und wenn ich einen gefährlichen Hang queren musste, löste ich vorher stets die Fangriemen der Bindung und zog die Hände aus den Schlaufen der Skistöcke – eine Vorsichtsmaßnahme, die ein Minimum an Bewegungsfreiheit ermöglichen sollte, falls einen die Schneemassen überkamen.

Die Glocknerstraße war gesperrt, mein Ziel war die Oberwalderhütte, und so versuchte ich auf der alten Route über die Pfandlscharte zuerst die Franz-Josefs-Höhe und dann die Hütte zu erreichen. Eine lange Tour stand mir bevor. Von Fusch nach Ferleiten durch das Käfertal und hinauf zur Pfandlscharte spurte ich allein durch den Schnee dahin, das Wetter war recht stürmisch, die Schneekristalle blies einem der Wind waagrecht ins Gesicht, und als ich mich oben auf der Passhöhe umdrehte, um mich zu orientieren, bemerkte ich einen Menschen, der meiner Spur folgte.

Damals gab es da oben noch einen kleinen Gletscher, der den fast ebenen Bergsattel bedeckte. Ohne in dem Sturm irgendwelche Konturen wahrzunehmen, ging ich immer langsamer, in der Hoffnung, auf der Kärntner Seite eine bessere Sicht zu haben. Nach meinem Gefühl musste es also bald bergab gehen. Ich blieb stehen und hoffte auf einen freien Blickmoment. Da ertönte plötzlich eine Stimme hinter mir: „I glaub, du stehst auf oaner Wechtn!" Im selben Augenblick brach die gewaltige Schneewechte mit mir oben drauf, und es begann eine Talfahrt, die zwar nicht lange dauerte, aber ausreichte, um mich bis zum Hals in die Schneemassen einzuschließen.

Der Mann, der mich gewarnt hatte, steckte mit seinen Skiern unter der Abbruchkante kopfüber fest, konnte sich aber aus seiner misslichen Lage selbst befreien. Ein großes Glück für mich, denn ich war vollkommen hilflos. Der Fremde begann unverzüglich, mich auszugraben. Meine Hände waren schon gefühllos, und als ich endlich frei und unversehrt dastand, bedankte ich mich bei meinem Retter und wir fanden beide, dass es nun Zeit sei, sich einander vorzustellen.

Wir fuhren gemeinsam zum Glocknerhaus ab und stiegen dann hinauf zur Franz-Josefs-Höhe, wo sich unsere Wege trennten. Mit dem Hüttenwirt der Oberwalderhütte stieg ich anschließend hinunter auf den Pasterzengletscher, über den wir bis auf die Höhe der Hofmannshütte gingen. Der Wind, der uns entgegenblies, war so stark, dass er meinen Gefährten dreimal aushob und zu Fall brachte. Nach weiteren Stunden erreichten wir in der Dunkelheit die sturmumtoste Oberwalderhütte.

Drinnen war es eiskalt, aber wir verzichteten vor lauter Müdigkeit auf das Einheizen, begnügten uns mit einem großen Schluck Schnaps und krochen in voller Montur unter die klammen Decken.

DER FELDWEBEL

Als gelernter Friseur hat er viele Bekanntschaften gemacht und weil sein Mundwerk berufsbedingt selten stillstand, war er, besonders auf den Skihütten, ein beliebter Gesellschafter. Ich lernte ihn beim Skifahren kennen, er fuhr recht draufgängerisch und die Stürze, die er baute und immer wieder schadlos und lachend überstand, sicherten ihm Respekt und Staunen. Wenn er mir bei uns in der Küche die Haare schnitt, erzählte er oft von seinen Begegnungen mit den prominenten Männern der Vorkriegszeit. In Kitzbühel kannte er fast jeden Kopf und wenn ich seine Klatschgeschichten mit dem Getue von heute vergleiche, weiß ich, was uns verloren gegangen ist.

Im Krieg brachte er es bis zum Feldwebel, in den Jahren danach diente er im selben Rang bei der Bahnpolizei. Bei mir hatte sich der Respekt, den er als mutiger Skifahrer besaß, auf die Uniform übertragen, denn die verwandelte ihn in eine Autorität. Als wir uns auf dem Salzburger Hauptbahnhof begegneten, war ich hocherfreut. Erstens, weil er mich als Amtsperson nicht kontrollierte, und zweitens, weil er mich sogar zu einem Kaffee einlud. Die grob genagelten Schuhe, die er trug, weckten, vereint mit seiner zackigen Gangart auf dem Bahnhofspflaster, die Assoziation mit einem knirschenden Gebiss. Den Kaffee bekam ich von der Schwester Rosi in der Bahnhofsmission kredenzt, mein Feldwebel genoss dort eine Sonderstellung. Der

Kaffee war heiß, die Schale groß und als meine Überraschung nachließ, wurde aus dem Feldwebel wieder der Skifahrer und Friseur – und auch meine Achtung vor der Uniform schwand auf ein erträgliches Maß.

MATTERHORN

Wir waren die letzte Seilschaft, die den Gipfel erreichte. Die Windstille, die da oben herrschte, teilten wir mit einem Zermatter Bergführer und seinem Touristen. Es ist eine seltene Freude, an einem schönen Augusttag auf dem berühmtesten aller Alpengipfel, dem Matterhorn, zu stehen. Diese Stimmung dürfte auch den Bergführer ergriffen haben, denn er begann zu singen. Aus voller Kehle entströmte ihm ein Lied, das mich entfernt an manche unserer kunstvollen Landeshymnen erinnerte, und tatsächlich war es die Walliser Landeshymne, die wir da in der klaren Bergluft hören durften. „In den Schulen", klagte der Bergführer, „lernen sie das heute nicht mehr". Und als sich einmal ein Schweizer Schulinspektor bei der Visitation mehrerer Elementarschulen von den Kindern jenes Lied vorsingen ließ, das sie am liebsten sangen, erklang in fast allen Schulklassen „Tirol, Tirol, Tirol, du bist mein Heimatland, weit über Berg und Tal das Alphorn schallt". Die kleine Textänderung vom Wald- zum Alphorn dürfte der Tiroler Schnulze den Weg in das Gemüt der Schweizer Bergkinder geebnet haben. Seither sind viele Jahrzehnte vergangen und ich vermute, dass weder das eine noch das andere Lied den Schulkindern von heute zugemutet wird. Im Wallis nicht und bei uns schon gar nicht. Für mich aber ist das Matterhorn noch immer mit jenem Lied des Bergführers verbunden.

LAUTLOS

Vom Franz habe ich gelernt, lautlos und deutlich zu sprechen. Man muss sich dazu der Hochsprache bedienen, deutlich artikulieren, und die Lippenbewegungen sollten sichtbar und leicht übertrieben sein. Das alles hat mir der Franz beigebracht, damit er mich verstehen konnte, denn er war von Geburt an taubstumm. Unter seinesgleichen hatte er keine Probleme, denn in der Taubstummenschule lernen sie eine tolle Zeichensprache, von der ich annehme, dass sie reicher an Inhalten ist als unser ganzes Alltagsgerede. Für Außenstehende muss es sonderbar ausgesehen haben, wenn ich mich mit dem Franz unterhielt, denn es war nichts zu hören.

Franz war gelernter Schuster, arbeitete aber als Hilfsarbeiter beim Seilbahnbau auf den Untersberg. Zeitweise half er bei uns in der Küche aus, woraus sich die für mich interessante Notwendigkeit des lautlosen Sprachkurses ergab.

Als später einmal eine größere Gruppe von Touristen unser Gastzimmer betrat und sich herausstellte, dass alle taubstumm waren, kam meine Stunde der Bewährung. Alles, was ich vom Franz gelernt hatte, brachte ich zur Anwendung, und das erfreute Lächeln, das ich für meine Bemühungen erntete, war ein schöner Lohn.

Der Franz hat später geheiratet, eine schöne Frau, die ebenfalls taubstumm war. Wir haben uns dann leider aus den Augen verloren und so konnte ich ihnen zu meinem Bedauern zu ihrer Hochzeit nicht lautlos Glück wünschen.

DER UNTERHALTER

Er hatte ein offenbar turbulentes Leben hinter sich, mit vielen dunklen und wenigen hellen Zeiten. Die Reste seines Gebisses bestanden aus nur zwei, allerdings starken Zähnen und wenn er lachte, lachte man mit ihm, weil er dabei den Mund ungeniert weit aufriss. Er hatte schon unzählige Tätigkeiten ausgeübt und momentan fristete er sein Dasein als Totengräber. Sogar in diesem Beruf hat er viel Unfug getrieben und wenn er davon erzählte, lachte er laut und wir mit ihm.

Im Gastzimmer unserer Hütte entdeckte er eines Tages eine Ziehharmonika und er bat, darauf spielen zu dürfen. Musikanten sind, wie ich glaube, nirgends auf der Welt so willkommen wie auf den Schutzhütten oben auf den Bergen, daher freuten wir uns auf das Spiel des Zahnlosen. Seinen Namen kannten wir nicht, sein Repertoire war uns jedoch schnell bekannt, denn es bestand nur aus dem Bruchstück des Schlagers „Wunderbar, das Leben ist wunderbar". Die gesangliche, von ihm auf der Harmonika begleitete Darbietung hatte wegen ihres kurzen Textes etwas von einer ewigen Litanei und ich überlegte schon, dem ein Ende zu machen, bis mir auffiel, wie begeistert unsere Gäste davon waren. Schließlich erlaubte ich ihm, seinen Hut neben sich zu stellen, und der Erlös führte dazu, dass er uns sehr oft mit seinem Lied heimsuchte. In der Gemeinde gab es wenig Todesfälle und so blieb ihm viel freie Zeit.

Wir haben ihn dann aus den Augen verloren, aber in unserer Erinnerung lebt er trotz seiner simplen Musik als *Wunderbar* fort.

DIE KONSERVE

Hie und da kam es vor, dass ein Gast um die Erlaubnis bat, sich etwas Mitgebrachtes aufwärmen zu dürfen. Zu unseren Gästen auf dem Untersberg gehörten auch viele Soldaten des Bundesheeres. Einer davon hatte eine Kilodose mit Linsen bei sich und wir erlaubten ihm, sie auf dem Küchenherd zu erhitzen. Dabei leisteten ihm unser kleiner Sohn, der auf dem Topferl saß, und unser Schäferhund Gesellschaft. Die Helli und ich unterhielten uns im Freien mit einigen Touristen, als plötzlich ein lauter Knall die Berges- und Hüttenruhe störte.

Wir sausten in die Küche und trafen auf folgendes Szenario: Der Kleine war vom Topf gefallen und unter dem Tisch gelandet, die Linsen befanden sich mehrheitlich auf dem Küchenplafond, die Dose sah aus wie eine zerrissene Granate. Der Soldat, kreideweiß und zitternd, hat wohl eingesehen, dass Linsen in der Dose nur dann erfolgreich aufgewärmt werden können, wenn man die Dose vorher öffnet.

Nach der fälligen Reinigung der Küche konnten wir alle über den Vorfall herzlich lachen.

DOPPELTES GLÜCK

Wir nannten ihn Pongo. In den Bergen und auf den Hütten ist es ja oft so, dass man Menschen nur mit ihren Vor- oder Spitznamen kennt. Selten weiß man um ihr Herkommen oder ihren Beruf.

Pongo war ein guter Kletterer. Er hatte schon viele schwere Touren hinter sich gebracht, als er einmal im Winter eine schwierige Klettervariante zu bezwingen versuchte. Er hat es nicht geschafft und musste eine bitterkalte Nacht in einer Position verbringen, die ihm kaum eine Bewegung erlaubte. Am Morgen wurden seine Hilferufe von der Seilbahn aus vernommen und die Gendarmerie wurde verständigt. Um den armen Pongo zu retten, war höchste Eile geboten. Als ich in Rufnähe zu ihm kam, dachte ich mir: Lange wird er es nicht mehr aushalten, da oben in den vereisten Felsen. Ich zog mir Steigeisen an und stieg zu einer Stelle hinauf, von der ich ihm ein Seil zuwerfen konnte. Ich musste natürlich daran denken, dass ich nach seiner Rettung auch selbst wieder sicheren Boden erreichen musste. Ich warf ihm also das Seil zu, überprüfte, dass er sich richtig anband, was in seiner Situation nicht leicht war, und sicherte ihn dann in ungefährliches Gelände hinunter. Mein Abstieg ging auch gut vonstatten und so hatte ich an jenem Tag zweimal Glück.

Auf der Hütte dann, nachdem er aufgewärmt war, wollte mir der ständig in Geldnöten steckende Pongo für die Rettung seines Lebens ein Viertel Wein spendieren. Den Wein haben wir gemeinsam getrunken, bezahlen brauchte er ihn nicht, denn die Freude über die Rettung war bei uns allen groß.

SAMMLERGLÜCK

Mein erster Bergkristallfund kam mir wie ein Wunder vor. Meine Berganschauung, bisher aus Fels und Eis bestehend, war um eine neue Dimension reicher geworden, die der verborgenen Naturschätze.

Und weil die Natur zeitweise die Neigung zeigt, ihre Schätze selbst zu zerstören, muss ihr der Kristallsucher zuvorkommen. In der Legende sind es die Venedigermandln oder sagenhafte Zwerge, die unsere Berge auf der Suche nach den glitzernden Schätzen durchstreiften. Die Wirklichkeit ist viel nüchterner, denn es erfordert viel Zeit, Kraft und Wissen, um einen guten Fund zu machen. Hammer, Meißel und etliches Werkzeug sind nötig, um so einen Schatz zu heben, und vor allem anderen: Glück.

Allerdings: Auf der Suche nach dem Glück ist der Weg des Steinsuchers einer der schwierigsten und nur für wenige gangbar.

Die Jagd nach dem grünen Stein, dem Smaragd, ähnelt mehr dem Goldrausch. Die Fundstelle ist weltbekannt, der Abbau in fast 3000 Meter Höhe im Pinzgauer Habachtal wird bergmännisch betrieben, eine höchst gefährliche Arbeit ohne Erfolgsgarantie. Im Lauf der Zeit hat jedoch die Natur auf ihre Weise für den Abbau des grünen Steines gesorgt. Bergstürze, Lawinen und Unwetter haben eine Menge Gestein in das Tal befördert und so hört man immer wieder von

Glückspilzen, denen es gelungen ist, einen schönen Smaragd aus dem Schutt herauszuwaschen.

Auch ich war einmal so ein Glückspilz, doch was ich beim Anblick meines grünen Fundes empfand, war reine Freude. Um darüber glücklich zu sein, habe ich mich wahrscheinlich zu wenig plagen müssen.

SCHWAMMERL

Wenn ich einen schönen Herren- oder Steinpilz finde, oder wenn mir das unvergleichliche Gelb von Eierschwammerln ins Blickfeld kommt, gerate ich in einen Gemütszustand, der vom reinen Glücksempfinden nicht mehr weit entfernt ist. Und weil man sich meistens niederknien muss, um die feinen Früchte des Waldbodens von ihrem Nährboden zu lösen, gerät bei mir das Schwammerlsuchen oft zu einer andächtigen Handlung.

Weißer, dicker Strunk, dunkelbrauner Hut – der Herrenpilz wird an Schönheit lediglich vom Fliegenpilz übertroffen, den allerdings seine Ungenießbarkeit vor dem Gepflücktwerden schützt. Als Wunder der Waldesnatur verdienen beide Freude und Staunen bei ihrem Anblick; nur, vor einem Fliegenpilz bin ich noch nie in die Knie gegangen. Eines steht dem Hochgefühl des Schwammerlsuchers jedoch entgegen: Wenn es zu viele Herrenpilze und ihre genießbaren Verwandten gibt, dann ist es aus mit der Andacht und dem Glücksempfinden, der Mensch wird wieder zum primitiven Sammler und Jäger. Da scheren dich keine Vorschriften, keine Beschränkungen, keine Verbote. Der Überfluss hat es noch nie zuwege gebracht, Dankbarkeit und Mäßigung zu wecken, an ihre Stelle treten Habsucht und Unersättlichkeit. Folglich sind aus meiner Sicht die mageren Schwammerljahre die besseren, weil sie uns demütig werden lassen. Oder man kann es auch so sehen: Die Natur muss sich selber schützen, um vor der Gier der Menschen sicher zu sein.

Doch zurück zu den hohen Gefühlen: Ich war noch keine zehn Jahre alt, da wurde ich von der Mutter zum Erdbeerpflücken in den Wald geschickt. Die Beeren mischte sie in den Kaiserschmarren, was bei den Gästen zwar gut ankam, mir aber keine Anerkennung einbrachte, weil meine Ernteergebnisse recht bescheiden waren. Und weil die Mutter sich ihre Geringschätzung anmerken ließ, getraute ich mich fast nie, selbst eine Erdbeere in den Mund zu nehmen. Eines Tages fand ich dann statt der Erdbeeren Herrenpilze. Klein bis mittelgroß standen sie im Moos um einen Baum herum. Es war wie im Märchen. Nur, der Traum zerstob nicht und ich war fortan kein Erdbeerpflücker mehr, sondern ein scharfäugiger, erfolgreicher Pilzsammler, dem sogar die Eltern Respekt zollten. Zeitlebens habe ich meine erste Fundstelle nie vergessen und ich habe dort fast immer schöne, wurm- und schneckenfreie Herrenpilze, sozusagen die Nachfahren vom damaligen Fund, ernten dürfen.

Auch in den Jahren, in denen so viel vom Waldsterben und der Ausrottung der Pilze die Rede war, haben sie mich nicht im Stich gelassen. Der Baum, um den sie sich einst scharten, wurde gefällt – sie erhoben trotzdem ihre dunkelbraunen Hüte. Eine Seilbahnstation wurde gebaut und Jahre später wieder demontiert, einige fand ich immer: dunkelbrauner Hut, weißer Strunk, wurm- und schneckenfrei. Ein neuer Baum wuchs empor, in der Nähe führt heute eine Straße vorbei, meine Besuche werden seltener, aber es kommt immer wieder vor, dass ich fündig werde, und dann knie ich mich in alter Gewohnheit – auch wenn die Gelenke mich meine Jahre spüren lassen – andächtig und dankbar nieder, wissend um die vielen Jahrzehnte, die seit dem ersten Märchenerlebnis vergangen sind, und hoffend, es mögen noch einige Herrenpilze dazukommen.

Die Helli hat an meiner Pilzleidenschaft anfangs eher nur peripher teilgenommen, denn sie musste die Beute ja verkochen, einer wohlschmeckenden Umwandlung unterziehen. Als wir keine Gäste mehr zu versorgen hatten und auch am Familientisch weniger aufgedeckt wurde, wandelte sie sich in eine fanatische Schwammerlsucherin. Vor zwei Jahren wurde sie fürstlich für ihre Leidenschaft belohnt, als sie einen wurmfreien Steinpilz mit einem Gewicht von eineinviertel Kilogramm fand. Sie schien über den Riesenfund glücklicher zu sein als bei unserer Hochzeit. Zusammen mit unserem Enkel Peter verspeisten wir den wohlschmeckenden Kerl mit entsprechendem Appetit. Während des Essens erfuhren wir, dass sich die Helli nicht andachtsvoll vor ihrem Fund niedergekniet hatte, weil das Gelände so steil war, dass sie ihren Pilzmärchenprinzen fast umarmen konnte.

Als wir im Juni 1940 unsere Südtiroler Heimat verließen, bestand unser Übersiedlungsgut aus wenigen Dingen. Neben der Berufsausrüstung des Vaters, der Bergführer und Skilehrer war, kann ich mich nur an ein paar dünnbeinige Sessel erinnern.

Etliche Erinnerungsstücke meiner Großeltern entdeckte ich erst nach dem Tod meiner Mutter in einer schlichten Holztruhe, die fast fünfzig Jahre ungeöffnet und unbeachtet auf dem Dachboden stand. Das goldgerahmte Hochzeitsbild aus dem Jahre 1901 ließ in mir, als ich es aus der Umhüllung löste, meine Kindheit wieder lebendig werden. Denn die Inschrift des Bildes „Heilig sei uns immerdar das Versprechen am Altar" hatte ich mir gut gemerkt. Einige goldglänzende Kaffeehaferl hatten den langen Schlummer in der Truhe auch gut überlebt. Sie wurden zum Kern einer Haferlsammlung, die heute unsere Stube schmückt. Meine Eltern wollten mit ihrem Desinteresse an den alten Dingen wohl auch die karge Zeit, die hinter ihnen lag, vergessen. Für mich sind sie wertvoll und deshalb halte ich sie auch in Ehren. Vielleicht erklärt sich mein Hang zu Flohmarktbesuchen auch aus diesen Umständen.

Der Flohmarkt als Friedhof der Erinnerung. Nirgendwo sonst wird einem die Vergänglichkeit des Menschen so klar und dennoch ist es tröstend, die mehr oder weniger schönen, mehr oder weniger kostbaren Besitztümer, die einmal das Leben von Menschen bereichert haben, jetzt im Kreislauf des Verkaufens und Kaufens zu finden. So ist oftmals den Dingen, an denen wir uns erfreuen, ein längeres Leben beschieden als uns selbst.

1950, als ich nach Kaprun übersiedelte, in der Hoffnung, dort Arbeit zu finden, hatte alles, was ich besaß, in einem Rucksack Platz. Der einzige Luxusgegenstand, den ich mittrug, war ein Buch: der „Faust" von Goethe. In jenen Jahren der Besatzungsmacht war es oft schwer zu vermeiden, mit irgendwelchen Verordnungen oder Befehlen in Konflikt zu geraten. Und ich dachte mir immer, wenn sie mich mit dem „Faust" einsperren, wird mir die Zeit nicht lang. Eingesperrt haben sie mich nie, aber der Respekt vor Goethes großem Werk ist geblieben.

Bei unserem Start in das Hüttenwirtsdasein trugen wir an unserem Eigentum auch nicht schwer. Damit wir überhaupt mit dem Betrieb anfangen konnten, mussten wir uns Geld leihen. An einen Bankkredit ohne Sicherstellung zu denken, galt in jenen Jahren als ein erstes Zeichen von Geisteskrankheit. Die Freunde oder die Leute, die man für Freunde hielt, hatten zugeknöpfte Taschen. Die Rettung kam von den Verwandten der Helli. Bedenken- und bedingungslos liehen sie uns ihr Erspartes und wir waren sehr stolz, als wir ihnen nach Ende der ersten Wintersaison alles zurückzahlen konnten. Die nächsten Monate mussten wir uns zwar recht einschränken, aber so ist es uns gelungen, die Jahre bis zur nächsten Übersiedlung glücklich, dankbar und schuldenfrei zu erleben.

Die Onkel und Tanten, denen wir den guten Start in die Selbstständigkeit zu verdanken hatten, wohnten alle in Wien oder Niederösterreich. Vielleicht ist das auch einer der Gründe, warum ich diese beiden Bundesländer so in mein Herz geschlossen habe.

Vier Jahre später, 1959, waren schon zwei Ziehschlitten, wie sie die Bauern zum Heuziehen verwendeten, notwendig, um unseren angewachsenen Besitz ins Tal zu befördern. Wir hatten alles in Kartons verpackt und nummeriert. Damit wir die Übersicht nicht verloren, habe ich ein Inhaltsverzeichnis angelegt. Und trotzdem ist es geschehen, dass bei unserem nächsten Ortswechsel, acht Jahre später, Kartons mit der Materialseilbahn vom Untersberg ins Tal befördert wurden, die nie geöffnet worden waren. Was wieder einmal beweist, mit wie viel Überflüssigem wir uns belasten, denn für den Inhalt dieser Schachteln fanden wir nie wieder eine Verwendung.

Nach dem Hochzeitsanzug, den ich insgesamt zweimal trug – bei der standesamtlichen Trauung und später einmal als Taufpate – war ein kleiner Ingelen-Transistorradio unsere zweite Luxusanschaffung. Ihr Hochzeitsdirndl hat sich die Helli nämlich selbst genäht. Bei der Übersiedlung auf den Untersberg bei Salzburg trug ich das kleine Gerät in der Hand und die Männer vom Bergrettungsdienst Grödig, die uns beim Aufstieg begegneten, werden sich über den komischen Vogel mit dem Radio in der Hand nicht wenig gewundert haben. Der Vorstellung, die man damals von einem gestandenen Hüttenwirt hatte, entsprach ich, mit dem kleinen, rothaarigen Peter auf den Schultern, das Radio in der Hand und die sichtbar schwangere Helli hinter mir, bestimmt nicht.

Das Zeppezauerhaus der Sektion Salzburg des Österreichischen Alpenvereins bot mit einer Telefonverbindung und einer Materialseilbahn Erleichterungen, die wir vorher nicht gekannt hatten. Allerdings war es damals noch üblich, dem Hüttenwirtsehepaar höchstens ein Zimmer als Wohnstätte zuzubilligen. Unseres war acht Quadratmeter groß und zusammen mit der Küche als Arbeitsraum haben wir uns dort acht Jahre lang recht glücklich gefühlt. Oft eingehüllt in die wunderbare Musik, die aus dem kleinen Radio kam.

Die Jahre da oben auf dem Untersberg bei Salzburg waren hart, aber auch schön und gut. Die Familie hatte sich vergrößert, zum Peter hatte sich der Karl gesellt. Die Zahl unserer Freunde wurde größer und die Nähe der Stadt brachte viel Positives in unser Leben. Trotz allem hieß es nach Jahren wieder einen neuen Standort suchen und wir fanden ihn in Obertraun am Dachstein.

Für das Hüttendorf Krippenbrunn brauchte man so ein Unikum zwischen Hüttenwirt und Verwalter. Ich bewarb mich mit Erfolg. Der Betriebsleiter der Personenseilbahn, die dort hinaufführte, zeigte viel Verständnis für unsere familiäre Situation, indem er durch eine Änderung der Betriebszeiten den Schulbesuch unserer Söhne ermöglichte. Ein Entgegenkommen, das am Untersberg undenkbar gewesen war und daher unseren Abschied von dort zur Folge hatte.

Viele der Untersbergfreunde blieben uns treu, schließlich ist der Dachstein auch von Krippenbrunn aus als Hausberg zu betrachten. Zum ersten Mal in unserem Leben hatten wir da unter dem Krippenstein ein eigenes Wohnhaus mit Küche, Stube, Bad und zwei Schlafzimmern. Die freien Wochen zwischen den Saisonen genossen wir gründlich. Das Beieinandersein in der Familie und gleichzeitig in der Bergeinsamkeit bleibt in all seiner Harmonie unvergessen. Die Buben entwickelten sich zu bergfesten Gehern und sehr guten Skifahrern. Die große Dachsteinabfahrt vom Krippenstein mit der Eisgrube lag ja vor der Haustür. Dennoch hieß es auch hier wieder Abschied nehmen.

Peter war reif für die Gastgewerbefachschule und Karl schaffte in der Hauptschule ein Vorzugszeugnis, das ihm den Weg in die gymnasiale Bildung möglich machte. Also suchten wir eine Wirkungsstätte in der Stadt Salzburg, und die fand sich im Platzlkeller der

Brauerei Mattighofen. Ein Bierkeller mit 160 Plätzen in Gewölben, die im 14. Jahrhundert entstanden sind. Auf den ersten Blick ein schlechter Tausch: Berghelle gegen Höhlenfinsternis. Mir fiel das nicht schwer, war ich doch mit beidem vertraut. Ein Reihenhaus wurde gemietet und so blieb unsere kleine Familie vereint. Für die Übersiedlung von Obertraun am Dachstein nach Salzburg brauchten wir zwei Lastautos, weil wir in der Zwischenzeit begonnen hatten, Bauernmöbel zu sammeln.

Unseren ersten Bauernkasten bekamen wir geschenkt. Er stand unbeachtet auf dem Dachboden des Bauernhauses und als der Bauer merkte, wie sehr mir das alte Möbel gefiel, sagte er kurz und bündig: „Wenn er dir g'fallt, g'hört er dir!" Der Kasten wird bei uns immer noch in Ehren gehalten und er war die Ursache des Einrichtungsstils unserer verschiedenen Wohnstätten. Bei jeder Übersiedlung war er das „Leitmöbel" und sobald er in der neuen Umgebung stand, waren wir dort daheim. Mit der Zeit kamen viele bäuerliche Einrichtungsgegenstände dazu und so leben wir heute zufrieden und glücklich mit schönen Dingen zusammen, von deren Entbehrlichkeit die Vorbesitzer überzeugt waren.

Das soll aber nicht heißen, dass man nur inmitten alter Dinge – und mögen sie noch so schön und wertvoll sein – glücklich sein kann. Es wird wohl auch an der Wertschätzung und dem Wissen um unsere Vergangenheit liegen, wenn man sich dazu entschließt, gegen den reißenden Zeitstrom des modernen Wohnens zu schwimmen.

REISESTATIONEN

Wenn man, wie ich, mit dem Lesen der griechischen Heldensagen aufgewachsen ist, muss das erste Urlaubsziel einfach Griechenland heißen. 1965 war es so weit, ein Freund, der ein altes Auto besaß, ließ sich dazu überreden, mit uns Anfang November in das Land unserer Sehnsucht zu reisen.

Auf dem Autoput, der berüchtigten Schnellstraße durch Jugoslawien, und viel in der spätherbstlichen Dunkelheit zu fahren, war ein Abenteuer für sich.

An den Thermopylen, die Hände im heißen Schwefelwasser und an Leonidas denkend, den heldenhaften Spartaner, stellten sich die ersten Glücksgefühle ein.

Chaeronea, Marathon, Athen. Da wurden Träume wahr. Helden und Götter entstiegen den Landschaften und Ruinen. Außer uns keine Touristen weit und breit. Nicht einmal auf der Akropolis von Athen sind wir welchen begegnet.

Bei Mantineia haben wir im Zelt übernachtet, von Epaminondas geredet, der dort 362 vor Christus eine Schlacht geschlagen hat und dabei ums Leben gekommen ist. Am Morgen staunten wir zähneklappernd über den in der Nacht gefallenen Schnee.

Mykene, Epidauros, Nemea. In Nemea kosteten wir von süßen Trauben, die noch am Weinstock hingen, in Epidauros probierten wir, wie man es im Reiseführer empfohlen hatte, die Akustik des griechischen Theaters mit raschelndem Papier und Sprechproben aus. Im ebenfalls menschenleeren Mykene konnten wir ungehindert überall herumgehen und an die Schicksale Agamemnons, der Klytaimnestra, des Aigisthos, von Elektra und Orestes denken.

Olympia, Korinth, Delphi, alle diese Stätten haben wir in den Jahren seither wieder und öfter besucht. Der Zauber, der von der ersten Begegnung mit den Traumlandschaften der Jugendzeit ausging, ist bei aller Begeisterung und dem Mehrwissen über die antike Welt nie mehr erreicht worden.

Die Führerscheinprüfung haben wir beide erst absolviert, als wir weit über dreißig Jahre alt waren. Die Helli war eindeutig die bessere Fahrschülerin. Über mich spotteten die Fahrlehrer wegen meines Umgangs mit Brems- und Kupplungspedal. Ich hätte Bleifüße, sagten sie und dachten dabei wohl nicht an das geflügelte Wort vom Bleifuß auf dem Gaspedal.

Ich habe das alles überstanden und der Planung einer größeren Reise mit dem eigenen Auto stand nun nichts mehr im Wege.

Frankreich, Spanien, Portugal.

Geschichte, Landschaft, Kultur.

An den Ingredienzen unserer Urlaubsfahrten hat sich bis heute nichts geändert. Die Helli als gute Schwimmerin musste fast immer darauf verzichten, nach einem Bad im Meer – gleich der Aphrodite – den

Wellen zu entsteigen. Ihre Schuld: Sie hat sich eben seinerzeit für einen des Schwimmens unkundigen Bergmenschen entschieden. Obwohl das Meer, vor allem die Brandung an der Atlantikküste, mich immer wieder begeistert. Als Zuschauer.

Also mit dem eigenen Auto, aber mit wenig Geld auf große Fahrt. Straßburg, Colmar, Ronchamp, Dijon, Beaune, Auvergne, Cevennen, Albi, Rocamadour, Roncesvalles, Pamplona, Picos de Europa, Santiago de Compostela. Von der heute allgegenwärtigen Pilgerei dorthin war damals noch keine Rede.

Auf dem jährlichen großen Knoblauchmarkt von Pamplona konnten wir uns mit Staunen überzeugen, dass es Hunderte Knoblauchsorten gibt. Die Kathedrale von Burgos haben wir besichtigt und uns gewundert, weil sie offenbar als günstige Verbindung von einem Straßenzug zum anderen von den Leuten wie ein Durchhaus in der Salzburger Getreidegasse benutzt wurde. Ein ungewöhnlicher Eindruck, wenn so ein ehrwürdiger, gotischer Kirchenraum, dessen Baumeister übrigens Hans von Köln war, sich mit der Alltagshast andachtsloser Fußgänger abfinden muss.

Im nördlichen Portugal saßen wir einmal stundenlang am Meer und ließen das Tosen der anbrandenden Wellen auf uns wirken. Menschenleere Campingplätze – es war ja Oktober – halfen unsere Reisekosten senken.

Tomar, Batalha, Obidos, Fatima, Lissabon. In Fatima hat uns ein Mann zu Tränen gerührt, der im Sonntagsanzug, ein Kind in den Armen haltend, auf den Knien rutschend über den groben Schotter des großen Platzes dem Wallfahrtsheiligtum zustrebte. Seine Hose war zerrissen, die Knie bluteten, aber in seinem Blick lag eine Zuversicht, die uns unvergesslich geblieben ist. Glauben und Hoffen sichtbar gemacht an einem Menschen. Wir beteten dort für ihn und sein Kind.

Spanien, das waren damals für uns Sevilla, Cordoba, Ronda und vor allem Granada. Die Alhambra und die schneeglänzenden Höhen der Sierra Nevada. Dort hinauf fuhren wir bis zum Ende der Straße auf den Picacho del Veleta auf 3300 Meter Höhe.

Unser Zelt stellten wir unten in Granada auf einem Campingplatz unter einem Granatapfelbaum auf. Die hartschaligen Äpfel mit ihren vielen Kernen waren ungenießbar. Die wirkliche Kostbarkeit dieser Frucht lernten wir erst Jahrzehnte später in Istanbul kennen; dort wird der Saft der Granatäpfel vor den Augen des Käufers in Becher gepresst und dargereicht. Als wir vor kurzem in Kappadokien waren, lockte ein Händler mit dem Versprechen, durch das Trinken von frischem Granatapfelsaft würde man 104 Jahre alt. Damals, auf dem Zeltplatz bei Granada, ahnten wir von all dem noch nichts, immerhin sind wir ohne Granatapfelsaft auch über achtzig Jahre alt geworden.

Toledo. In der Sakristei der Kathedrale viele Gemälde El Grecos. Der Alcazar und wie immer zu jener Zeit in Spanien Spuren des unglückseligen Bürgerkriegs von 1936. Man hatte uns viel erzählt vom Valle de los Caidos, dem Tal der Gefallenen, mit dem riesigen, steinernen Kreuz und der imposanten, aus dem Granit der Sierra de Guadarrama herausgehöhlten Gedächtniskirche. Wir waren in dem Glauben, man gedenke hier aller Gefallenen des Bürgerkriegs, und waren enttäuscht und ernüchtert, als wir merkten, dass die Republikaner keines Gedenkens für würdig befunden wurden.

El Escorial mit seiner kühlen Größe milderte unsere Stimmung nur wenig. In Madrid hingegen, beim Gang durch den Prado, stellten sich wieder Begeisterung und Freude ein. Die „Nackte Maya" von Goya kannte ich nur als Briefmarkenbild und nun sah ich sie im Original. Ein herrlicher Moment. Die Kunst Goyas hat uns am meisten ergriffen: die Rötelstudien vom Stierkampf, der Pilgerzug und überhaupt seine späten Werke. Im Prado wird der kunstbegeisterte Mensch mit allem Reichtum geradezu überschüttet. Und so verließen wir dankbar und hungrig – unser Reisegeld war fast aufgebraucht – die Hauptstadt Spaniens.

Richtig satt wurden wir erst wieder im Kapuzinerkloster in Bludenz, wo unser Freund Pater Edgar dafür Sorge trug, dass Pater Jakobon, der Koch, ein fürstliches Mahl für uns bereitete.

Ein kleiner VW-Bus, gebraucht gekauft, diente uns als Urlaubsfahrzeug, mit dem wir durch halb Europa kutschierten. Wir, das waren die Helli, ihre Mutter, unser Sohn Karl und ich. Ein primitives Vorzelt, Luftmatratzen und Schlafsäcke aus amerikanischen Armeebeständen, einige Blechtöpfe und ein kleiner Gaskocher. Einzig für die Oma führten wir eine Schaumgummiunterlage mit, auf der sie im Auto – nachdem wir in einem allabendlich wiederkehrenden Ritual die Sitzbank abmontiert hatten – schlafen konnte.

Geld und Zeit sparen hieß die Devise und wir schafften es immer, große Reisen in einem Zeitrahmen von vierzehn Tagen unterzubringen. Italien, Griechenland, Frankreich, Norwegen, Deutschland, England und die Schweiz erlebten wir so recht unmittelbar, den Launen der Natur genauso ausgesetzt wie denen der Technik. Wir denken immer wieder gern an diese Einfachheit des Reisens zurück und in nachträglicher Bewunderung an unsere Oma, die mit ihrer unverrückbar guten Laune alle Strapazen ertrug und wenn die Stimmung unter uns gespannter wurde, mit wenigen Worten oder klugem Schweigen alles wieder ins rechte Lot brachte.

Von Wellness, Spa und solchen Dingen träumte man noch nicht. Die Welt hat so viel Schönes zu bieten und man kann ohne die wiederbelebte Badekultur der Römer ganz gut sein Leben fristen. Wenn ich in Rom durch die Thermen des Caracalla streife, wundere ich mich beim Anblick der gewaltigen Mauern nie, dass das römische Imperium nicht an der Einfachheit, sondern am Luxus zugrunde gegangen ist.

Am Ende einer Schottland-Rundreise fanden wir in einem kleinen Hafenort eine einfache Unterkunft, bestehend aus einer etwas heruntergekommenen, schwach beleuchteten Bar und einigen bescheidenen Zimmern. Das Speisenangebot war schmal und die Wirtin erstaunt, als ich mich nach dem schottischen Nationalgericht, einem gefüllten Schafsmagen namens Häggis, erkundigte. Noch erstaunter war sie jedoch, als sie sah, wie mir diese eigenartige Spezialität mundete. Hunger ist halt doch der beste Koch!

Die Whisky-Auswahl war ungewöhnlich groß, was sich auf die Stimmung im Lokal zunehmend positiv auswirkte. Die wenigen einheimischen Gäste – alle älteren Kalibers – begannen neugierig zu werden und nachdem sie herausgefunden hatten, dass wir Österreicher waren, fing ein seltsames Frage-und-Antwort-Spiel an: Vor langer Zeit hatten einige von ihnen ein Gastspiel der Wiener Sängerknaben in Edinburgh erlebt, das sie als das größte und schönste Ereignis ihres Lebens bezeichneten. Ganz besonders hatte es ihnen damals ein Lied angetan, das sie allerdings nicht benennen und schon gar nicht singen konnten. Leicht enthemmt durch die beachtliche Whisky-Verkostung, begann ich nun Lieder vorzusingen, von denen ich annahm, sie könnten damals zum Repertoire der Wiener Sängerknaben gehört haben. Mein Bemühen blieb ohne Erfolg.

Bis ich mich verabschieden wollend „Guten Abend, gut Nacht“ von Johannes Brahms anstimmte – und das war's! Die Begeisterung war groß und so gaben wir dann alle mit unseren trunkenen Stimmen unserer Freude über das gefundene Lied singend schottisch-österreichischen Ausdruck.

Als Bergsteiger trägt man immer den großen Wunsch in sich, die Berge des Himalaja zumindest einmal im Leben zu sehen. Nach zwanzigstündigem Flug in der Hauptstadt von Nepal, in Kathmandu gelandet, waren wir dem Wunsch schon näher gekommen.

Wir vertrauten uns dem jungen Dawa an, einem Mann aus dem Stamme der Sherpa. Im Flug ging es weiter nach Pokhara und hinauf nach Jomsom im Kali-Gandaki-Tal. Hier begann der Fußmarsch. Unser Ziel war das hochgelegene Kloster Muktinath, in dessen Mauern ein Hindu- und ein buddhistischer Tempel Zeugen religiöser Koexistenz sind. Da oben brennt auch seit ewigen Zeiten eine Flamme, die von Gas gespeist wird, das einer Erdspalte entströmt. Das Atmen fiel uns schon schwer, aber die Sicht auf die Achttausender Dhaulagiri und Annapurna ließ dafür das Herz vor Freude höher schlagen.

Mit den Wünschen kann es oft geschehen, dass auf deren Erfüllung die Enttäuschung folgt. Davor blieben wir verschont und beim Abstieg empfanden wir nur reines Glück. Nepal – soweit wir es kennenlernen durften – hat in uns tiefe Eindrücke hinterlassen. Die hohen Berge, die vielen Tempel und Denkmäler der alten Kulturen, die Handwerkskunst der Newari. Aber vor allem die Menschen mit ihrer Freundlichkeit, die Kinder, großäugig und schön, auch wenn sie in Lumpen gekleidet waren.

Ein Rundflug brachte uns in die Nähe des Mount Everest und damit war das Himalaja-Erlebnis vollkommen. Dawa Sherpa, den ich zum Mitfliegen eingeladen hatte, schien beeindruckt, hielt aber seine Freude mit buddhistischem Gleichmut im Zaum.

OMA

Am Beispiel der Oma sieht man wieder einmal, wie wichtig es ist, wenn die Alten Ruhe und Ausgeglichenheit in das Leben der Jungen zu bringen verstehen. Die Jungen, in Hektik und Zeitnot lebend, sind auf unser Verständnis oft mehr angewiesen als auf unsere Zuwendungen. Die Oma ließ es sich natürlich auch nicht nehmen, unseren Karl während seiner ganzen Gymnasial- und Studienzeit mit Taschengeld zu versorgen. Wir haben uns nur über die Sparsamkeit unseres Sohnes gewundert.

In unserer Familie war die Oma Mutter und Großmutter zugleich, wir haben uns über ihre Hilfe nie den Kopf zerbrochen, sie war einfach immer da, wenn wir sie brauchten. Sie erwartete keinen Dank und keine Geschenke von uns. Unsere Freunde haben sie verehrt. Das hat sie glücklich gemacht. Sie hatte, wie viele der um 1900 Geborenen, eine sehr harte Zeit hinter sich.

Als sie mit der Helli nach dem Ende des Krieges in ihre Wohnung zurückkam, war das Haus wohl unversehrt, aber aus den Räumen alles gestohlen. Man sagte, es seien die Russen gewesen. Nach und nach klaubte die Oma in der Umgebung so manches zusammen, das einst ihr gehörte. Jetzt hieß es, man hätte die Dinge vor den Russen in Sicherheit gebracht.

Gearbeitet hat die Oma ihr ganzes Leben lang. Sie sorgte nicht nur für ihre Familie – Hellis Vater war im Krieg und in der Gefangenschaft –, auch für die Kinder

der Geschwister war sie immer mehr als eine Tante. Ihren Lebensabend hat sie bei uns verbracht. Uns umsorgend und immer da, wenn die Nachbarskinder, und nicht nur wir, ihrer Hilfe bedurften.

Wir waren mit ihr – und sie mit uns – einfach glücklich.

FREUNDE

Ein Leben ohne Freunde, ohne Menschen, die einem zugetan sind, ist für mich undenkbar. Freunde – die unentbehrlichen Wegbegleiter durch das Leben. Ihr Einfluss auf meine Entwicklung wurde mir erst spät bewusst. Oft zu spät. Wenn ich nun auf meine alten Tage Rückschau halte, auf die vielen, die mir geholfen haben, so zu werden, wie ich bin, tue ich das mit einer Mischung aus Wehmut und Dankbarkeit. Obwohl manche Beziehung in Entfremdung und Enttäuschung mündete, bleibt doch immer ein guter Erfahrungskern übrig.

Der erste Mensch, der mich damals Vierzehnjährigen ernst und für voll nahm, war eine Frau. Ohne große Umstände brachte sie mir, sie war Sportlehrerin, das Skifahren bei. Für sie war das eine Selbstverständlichkeit, für mich der erste Schritt in die Wunderwelt des Skisports. Vom Bauernsohn, der aus dem Krieg heimgekehrt war, lernte ich den Umgang mit Zugsäge und Holzhacke. Wie man ein getötetes Tier enthäutet und zerteilt, brachte mir ein mit allen Wassern gewaschener alter Haudegen bei. Vom Senner Peter erfuhr ich, dass in Magermilch gekochter Landtabak ein wirksames Einreibemittel gegen Hundeflöhe sei. Ich muss als Junge recht redselig gewesen sein und manches ausgeplappert haben, das die Erwachsenen gern verschwiegen hätten; also fand sich bald einer, der mich in freundlicher Art auf die Tugend des Schweigens hinwies.

Was im Kindesalter der Schutzengel für mich war, waren nun Menschen aus Fleisch und Blut, die mich streckenweise durch das Leben begleiteten, und es war immer ein großer Augenblick für mich, wenn mir ein älterer, respektabler Mensch das Du-Wort anbot, eine Ehre, die ich nie missbraucht habe.

Viele Freunde, Seil-, Weggefährten und Kameraden fand ich beim Bergsteigen. Oft wurden daraus lebenslange Verbindungen. Bei unserer Hochzeit – wir heirateten wegen des vielen Neuschnees im Gastzimmer unserer Hütte – fungierten in allen wichtigen Ämtern Bergfreunde: der Pater, der uns traute, die Trauzeugen und die meisten Gäste. Auch die Hochzeitsgeschenke passten dazu: Kletterseil, Eispickel, Höhenmesser, Bussole, Steigeisen und Rucksack.

Von meinen Bergfreunden habe ich viel gelernt. Ausgestattet mit einer schier unerschöpflichen Leistungskraft, musste ich mich einbremsen, auf die Schwachen Rücksicht nehmen, ohne dabei herablassend zu werden. Ab und zu verzichtete ich deshalb schweren Herzens auf die Besteigung eines Gipfels, aber das gute Gefühl des gemeinsamen Erlebens hat alles wieder wettgemacht.

Manche Formen des Bergsteigens haben sich seither geändert. Die viel gepriesene und stark idealisierte Bergkameradschaft hat es in der Wirklichkeit nicht so oft gegeben, weil sich der Mensch, wenn er großer Gefahr ausgesetzt ist, immer in seinen lebenserhaltenden

Kern zurückzieht und dem anderen nur dann hilft, wenn er allein hilflos und verloren wäre. Wenn das selbstbezogene Denken und Handeln im Bergsteigen ein Mittel ist, große Erfolge zu erzielen, muss uns Alten das recht sein, wir haben schließlich zu dieser Entwicklung das Unsere beigetragen. Und die Helden von heute werden eines Tages auch draufkommen, dass eine Prise Romantik durchaus lebensbereichernd sein kann.

Manche von meinen Freunden hatten keine Ahnung, dass ich sie als solche empfand. Vielleicht wäre ihnen das sogar peinlich gewesen, weil sie nicht wissen konnten, wie wichtig sie – allein durch die Art, wie sie Alltag und Schicksal meisterten – für mich waren. In diesem Sinn hat man im Leben viel mehr Freunde um sich, als man glaubt.

Von allen guten Geistern verlassen zu sein, heißt, keinen Freund mehr zu haben. In eine derart prekäre Situation zu geraten, setzt aber voraus, dass man vieles dazu selbst beiträgt. Jammern und Wehklagen helfen da wenig. Besser ist es schon, Ursachenerforschung zu betreiben – in sich hineinzuhorchen. Einsame Wanderungen sind ein gutes Heilmittel, wenn man es nicht bevorzugt, sich im eigenen Unglück zu suhlen.

Als Einzelkind weiß ich nicht, wie es ist, mit Geschwistern aufzuwachsen. Die Erziehung im Schülerheim ließ es auch nicht zu, irgendwelche Gefühle der Freundschaft zu entwickeln. Rivalität wurde – auch im

Hinblick auf eine heldenhafte Zukunft – gefördert. An meinem Enkel – er ist der einzige – kann ich den Fortschritt ermessen, den die Formung unseres Nachwuchses jetzt erlangt hat. Sein Heranwachsen macht mich glücklich und die Art, wie er mit seinen Eltern und Großeltern umgeht, mag manchen seiner Mitschüler unbewusst zu ähnlichem Verhalten anspornen.

Leider hat die in politischen Kreisen gebräuchliche Floskel „lieber Freund“ den wahren Wert des Wortes und seiner Bedeutung enorm verwässert. Wie wenn man in guten Wein Wasser hineinschüttet. Doch für einen G'spritzten ist Freundschaft einfach zu schade.

Das Arztehepaar, der Eisenbahner, der Steuerberater, der Dentist, der Hotelier, der Student, die Lehrerin, der Bauernknecht, der Schuhmacher – sie alle haben mir etwas für das Leben mitgegeben. Viele von ihnen weilen schon in den Gefilden der anderen Welt, aber in meinen Gedanken haben sie einen festen Platz.

FREUND UND BESCHÜTZER

Unser Schäferhund, die Senta, begleitete unser Leben vierzehn Jahre lang. Sie bewachte uns, passte auf unsere Kinder auf, lag bei uns im Bett, wenn sich im Winter zu unseren Füßen Eiskristalle an der Wand bildeten. Oftmals musste ich im tiefen Schnee zu unserer Hütte hinauf spuren, die Senta hinter mir. Wenn es gar zu anstrengend wurde, sagte ich zu ihr: „Jetzt kannst du wieder einmal vorangehen!", und das tat sie jedes Mal brav. Sie schaffte nur wenige Meter, aber die brachten mir Erleichterung und das Gefühl, mit einem Freund unterwegs zu sein. Wenn wir rasteten, redete ich mit ihr, sie konnte mir zwar mit Worten nicht antworten, aber ihr Mienen- und Ohrenspiel sagte mir, dass sie mich verstand.

Da ich als Führer oft in den Bergen unterwegs war, musste die Helli oft allein auf der Hütte bleiben – in den gästelosen Monaten der Zwischensaison eine einsame Angelegenheit. Vom nächsten Bauernhof unten im Tal eine Gehstunde entfernt, war sie wochenlang völlig auf sich gestellt, nur der kleine Peter und die treue Senta leisteten ihr Gesellschaft.

Einmal wollte ein Betrunkener mitten in der Nacht Einlass und Schnaps erzwingen. Das rasende Gebell der Senta und das Geräusch des Repetierens, als die Helli die Pistole auf ihn richtete, zwangen ihn, sein Vorhaben kleinlaut aufzugeben. In der Schusswaffe befand sich keine Patrone, aber die Wirkung war trotzdem durchschlagend. Tage später begegnete ich dem Saufbold, und als er mir drohte, die Senta wegen ihrer Gefährlichkeit zu erschießen, habe ich seinen Schädel kurzerhand in einen nahen Brunntrog getaucht. Triefend wie ein nasser Hund hat er den bösen Vorsatz schnell sein lassen.

ORF

Unzählige Radiosendungen und Beiträge habe ich gestalten dürfen, Hunderte Zeitungskolumnen verfasst, ohne jemals vorher in meinem Leben daran gedacht zu haben, zu so etwas tauglich zu sein. Mein Respekt vor den Leuten, die das konnten und taten, war riesengroß. Wie so oft im Leben trieb mich das Schicksal gerade dorthin, wo ich nie erträumt hatte, einmal zu landen, in die Umarmung durch den ORF.

Den Anfang machte Rosemarie Isopp, als sie mich damaligen Hüttenwirt vom Untersberg in ihre Sendung „Autofahrer unterwegs“ einlud. In jener Radiozeit seligen Angedenkens waren zwei Millionen Zuhörer oder mehr ganz normal. Dementsprechend wuchs auch mein Bekanntheitsgrad nach der Sendung über alle Maßen. Die viele Arbeit am Berg oben verhinderte Gott sei Dank einen Höhenflug meiner Selbsteinschätzung. Das Wissen, im Radio präsent gewesen zu sein, war im Jahre 1963 schon etwas Einmaliges. Zu denken, es könne sich wiederholen, war Verwegenheit.

Im Jahre 1972 führte wieder der Zufall Regie: Im Gasthaus unserer Freunde Günter und Helga wurde von Horst Springauf allwöchentlich eine Radiosendung namens „Am Stammtisch“ gestaltet. Gescheite Gäste aus Bayern und Oberösterreich redeten über Gott und die Welt, vornehmlich aber über religiöses und profanes Brauchtum. Die Maßkrüge wurden stets mit Augustiner Bier nachgefüllt, was der Stimmung guttat. Für die Sendung am Nikolaustag hatte der Pfarrer sein Erscheinen im Bischofsgewand zugesagt, kurz vor seinem Auftritt musste er jedoch absagen. Die für den Stammtisch gedachte Überraschung schien ins Wasser zu fallen. Günter, der Wirt, kam auf die rettende Idee, mich – seinen Wirtskollegen – anzurufen, mit der Bitte, sofort als Ersatz für den verhinderten Priester mit einem kurzen Auftritt als heiliger Nikolaus für die Überraschung in der Stammtisch-Sendung zu sorgen. Meinen Einwand, die Teilnehmer der Runde seien mir alle unbekannt, wischte er mit dem Hinweis weg, es sei neben Bischofsmantel und Mitra auch ein prunkvoller Umschlag dabei, in dem sich eine Beschreibung der Stammtischler und ihrer „Sünden" befände.

Also eilte ich hinaus nach Mülln, verkleidete mich in aller Eile in den heiligen Bischof mit weißem Bart und goldener Mitra. Als ich vor meinem Auftritt noch schnell die Informationen aus dem feinen Umschlag holen wollte, griff ich ins Leere. Die Aufnahme der Sendung hatte schon begonnen, das Zeichen für meinen Auftritt wurde gegeben und so stand ich plötzlich vor fremden Leuten, Technikern und Mikrofonen. In meiner Verlegenheit erzählte ich vom heiligen Nikolaus, dem Mildtätigen, der in Myra in Kleinasien seine

Wunder wirkte und dessen Gebeine heute in Bari als kostbare Reliquien verehrt werden. Man hörte mir freundlich zu, bat mich am Stammtisch Platz zu nehmen, bestellte eine Maß Bier für mich und wartete neugierig darauf, welches Gesicht hinter der Maske von Mitra und weißem Wattebart hervorkommen würde. Als hinter dem abgenommenen weißen mein damals noch dunkler, echter Bart zum Vorschein kam, war das Hallo groß, und fortan war ich regelmäßiger und gern gehörter und gesehener Stammtischbruder.

Horst Springauf, Erfinder und Regisseur der Sendung, leitete die Sparte Unterhaltung im Salzburger Landesstudio. Zuerst als Gast, dann als Freund und Mentor, wies er mir behutsam den Weg vom Wirt zum Medienmenschen. Er ermunterte mich, Gespräche mit ungewöhnlichen Menschen auf Tonband aufzunehmen, nach und nach wurden ganze Sendungen daraus, und er sorgte dafür, dass sich meine Tätigkeit zu einer allumfassenden ausweitete. In langen Gesprächen und auf vielen gemeinsamen Fahrten habe ich eine Menge von ihm gelernt.

Exzellenter Musikkenner und Verdi-Liebhaber, Polyhistor und Philosoph, trat er im rechten Moment in mein Leben und wurde mir zum Vorbild. Unser gemeinsames Idol war der Dualist Theoderich von Posadowsky, der mit ähnlichen Berühmtheiten die nichtexistenzielle Note gemeinsam hat.

1975 gestalteten wir gemeinsam eine Sendung über Salzburgs Schwesterstadt Verona. Damals sind Verschwisterungen zwischen in- und ausländischen Gemeinden groß in Mode gewesen und wir wollten den Gemeinsamkeiten, die Salzburg mit Verona verbanden, auf die Spur kommen. In Salzburg gibt es immerhin einen Veronaplatz, eine Piazza oder Via Salisburgo suchten wir in Verona vergeblich. Wie wir herausfanden, bestand die Beziehung zwischen beiden Städten hauptsächlich im Austausch von Eintrittskarten für die Arena beziehungsweise die Festspiele und in gegenseitigen Besuchen von hohen Funktionären und Beamten – festliche Bewirtung inklusive.

Für die Sendung ließen wir die Verwandtschaftsgefühle fallen, widmeten uns lieber Romeo und Julia und der Zeit unter österreichischer Besatzung mit Feldmarschall Radetzky als Oberkommandierendem. Um sie in Salzburg zu bewerben, luden Horst und ich zu einer Pressekonferenz am Veronaplatz ein. Auf unsere Kosten hatten wir Tramezzini, Antipasti und reichlich Valpolicella besorgt. Viele Journalisten baten wir um ihr Kommen, einige erhofften wir uns, einer kam. Die Sendung wurde ein großer Erfolg und mehrmals wiederholt.

RUDOLF BAYR

Was ein Mensch durch sein Beispiel zuwege bringen kann, habe ich durch meinen Freund Dr. Rudolf Bayr erfahren. Der Sophokles-Übersetzer, der an der Universität Wien noch das Fach Ästhetik belegt hatte, wurde 1975 Landesintendant des ORF Salzburg. Unter seiner Leitung hatte das Mittelmaß in Wort und Musik einen schweren Stand. Zu seinen ersten Maßnahmen zählte die Einstellung einiger Hörfunksendungen. Dabei war auch eine, an der ich regelmäßig mit Beiträgen mitwirkte. Weil ich vermutete, seine Unkenntnis des Inhalts könne dem Verbot Vorschub geleistet haben, protestierte ich und forderte vom gefürchteten neuen Chef, er möge sich erst, nachdem er die Beiträge gehört hatte, ein Urteil bilden. Er tat das unverzüglich und die Sendung blieb im Programm.

Das „Wunschkonzert" wurde aber ersatzlos gestrichen. Viele Hörer beschwerten sich darüber, weil auf Altgewohntes eben ungern verzichtet wird. Mir gelang es, Rudolf Bayr zu überreden, sich einer Diskussion zu stellen. Er blieb hart und unnachgiebig. Meinen ausgleichenden Vorschlag, statt des täglichen zumindest an Wochenenden ein „Wunschkonzert" zu erlauben, quittierte er mit den Worten: „Wenn der Forcher es macht, soll es mir recht sein." So einem Machtwort musste ich mich beugen und so habe ich zwanzig Jahre lang an jedem Samstagnachmittag unzähligen Menschen Freude ins Haus gebracht.

Seine Bücher habe ich alle gelesen und meiner Überzeugung nach hat keiner seiner literarischen Zeitgenossen so feingliedrigen, exquisiten Umgang mit der deutschen Sprache gepflogen wie er.

Wir gingen gemeinsam bergsteigen, Ski fahren und langlaufen. Oft begleitete er mich, wenn ich Bergbauern besuchte, erfreute sich an Butterbrot, Graukas, Speck und Vogelbeerschnaps. In der Zeitung wirkten seine Loipen- und Restaurantkritiken in jeder Hinsicht stilbildend.

Vielen erschien er unnahbar und arrogant. Sein geistiges Niveau hätte so eine Haltung erlaubt, obwohl er sie sich nie gestattete. In Wirklichkeit war er heiteren Gemüts, herzenswarm und gesellig. Unberechenbar wurde er nur im Umgang mit sogenannten hohen Tieren, da konnte es schon geschehen, dass er dem Chef eines Weltkonzerns mit eisigen Worten die Tür wies.

Durch seine Beziehungen zu vielen Berühmtheiten von Bühne und Konzert wurde das Salzburger ORF-Landesstudio zu einer kulturellen Instanz ersten Ranges. Von den Brosamen, die vom Tisch der Reichen fielen, zehrte auch ich, indem mich eines Tages Susi Nicoletti, die große Dame des Theaters, mit den Worten „Grüß Sie, Herr Kollege" bedachte.

Als man in Wien begann, Fernsehkompetenz an die Bundesländerstudios zu delegieren, durfte ich bei etlichen Produktionen mitwirken. Gemeinsam mit dem

Regisseur Kurt Liewehr und getragen von großem Enthusiasmus entstanden die „Lungauer Impressionen". Nach der Abnahme durch die Sendungsverantwortlichen hörte man von Rudolf Bayr nur: „Den Leuten wird's gefallen." Ich war enttäuscht, ging zu ihm ins Büro und sagte, er möge zur Kenntnis nehmen, dass ich nie wieder Fernsehen machen würde. Viel später, als „Klingendes Österreich" in Serie ging, hat er mir diese Worte, garniert mit gutmütigem Spott, immer wieder vorgehalten.

WUNSCHKONZERT

Lobreden sollten nicht zu lang sein, wenn zu viel gelobt wird, glaubt man es nicht. Es wird ja auch kein Zufall sein, wenn man hie und da vom Lobhudeln spricht. Will man bei der Wahrheit bleiben, ergeben sich kurze Texte ganz von selbst.

Mich kurz zu fassen, habe ich beim ORF gelernt, wo ich, neben anderen Radiosendungen, zwanzig Jahre lang das „Wunschkonzert" betreuen durfte. Die Bespöttelung und Verhöhnung dieser an sich wichtigen Sendung hat mich immer gestört und mein Ehrgeiz war, aus der musikalischen und textlichen Einfallslosigkeit etwas Persönliches, etwas für die zu Beglückwünschenden Besonderes zu machen. Das gelang mir auch viele Jahre hindurch, indem ich auf jeden Sermon und jede dümmliche Volkstümlichkeit verzichtete.

So wie im Winter große Schneemengen Ursache für Lawinen sind, konnte ich mich auf die Dauer gegen die drückende Übermacht des Kitsches nicht ganz behaupten. Aber jeder Einzelne aus der riesigen Zahl der Beglückwünschten hat seine ganz persönlichen Glücksmomente erlebt.

HEIMATFUNK

Ich sagte immer Heimatfunk, obwohl die Abteilung offiziell Volkskultur hieß. Ihr Leiter, mein Freund Wolf Dietrich Iser, dürfte ähnlich gedacht haben. Den Begriff „Heimat" nahm er recht ernst, und wie er unsere Heimat mit großer Konsequenz und Sachkenntnis in Funk und Fernsehen präsentierte, sicherte ihm nicht nur meine Hochachtung. Unsere Meinungen und Ansichten scherten nie auseinander und gern erinnere ich mich an die jahrzehntelange Zusammenarbeit mit ihm.

Eines Tages, er wollte eine Fernsehsendung über den Untersberg machen, kam er zu mir, um sich einige Ratschläge zu holen. Er wusste, dass ich mit dem flimmernden Medium Schluss gemacht hatte, wollte aber trotzdem auf meine Informationen nicht verzichten, so empfand ich es halt.

Ob ich wen kenne, der über den Salzburger Hausberg gut Bescheid weiß? Ich nannte ihm einige Namen. Wer kennt Sage und Geschichte? Wem ist die Höhlenwelt bekannt? Wieder half ich mit Namen aus. Ob ich wen wüsste, bei dem alle diese Kenntnisse zu finden seien? Nach einigem Nachdenken musste ich verneinen. Er wüsste schon einen, sagte der listige Fuchs und zeigte auf mich. Die Falle war zugeschnappt und das Fernsehen hatte mich wieder.

Eine Szene in diesem Film sollte später für mich tief greifende Auswirkungen haben. Der Untersberg trägt auf seinen Höhen viele Grenzsteine. Neben dem Gipfelkreuz auf Geiereck steht einer, der auf der einen Seite das kaiserliche Österreich und auf der anderen das königliche Bayern eingemeißelt hat. Ich erzählte da oben, wie ich einmal eine Delegation aus der Sowjetunion zu dem Grenzstein geführt hatte. Nach Deutschland durften die Herren damals nicht einreisen und als ich ihnen vorzeigte, wie leicht und schnell man über die Grenze wechseln konnte, stiegen sie ausgelassen wie Kinder über den kleinen, aber wichtigen Grenzstein zwischen Deutschland und Österreich hin und her.

Die Fernsehsendung gefiel allgemein, aber ich zog mich wieder auf die Hörfunkarbeit zurück.

VOLKSMUSIK

Ein Vorurteil, dem ich immer wieder ausgesetzt bin, ist die Annahme, ich sei ein Experte für Volksmusik, was überhaupt nicht stimmt. Ich schätze die Volksmusik sehr, weil sie auf Tradition, auf Überlieferung fußt, allen Versuchen, sie madig oder gar lächerlich zu machen, widerstanden hat und vor allem wegen der Sänger und Musikanten, die für diese Kulturform einstehen. Experte bin ich also keiner, das soll aber nicht ausschließen, dass ich mich immer wieder für eine klare Abgrenzung zwischen Volksmusik und Volkstümlicher Musik einsetze. Auf der einen Seite Spiel und Gesang in Stuben, auf Almen, beim geselligen Zusammensein. Die andere Seite braucht die elektronischen Verstärker, um mit Lautstärke gegen den Lärm der Oberflächlichkeit anzukämpfen. Die Texte betreffend kann ich nur sagen: Da schweigt des Sängers Höflichkeit.

Und schließlich war es auch die gute alte Volksmusik, die als Ideengeberin für viele Komponisten wirkte, in deren Werke ihre Melodien einflossen. Heute sind es vielfach die Musikschulwerke, welche die Tradition so weitergeben, wie es einst in den Familien der Brauch war. Den Erfolg, der dieser echten Förderung beschieden ist, bekomme ich oft und mit großer Freude zu spüren, wenn es gilt, für die Sendung „Klingendes Österreich" Sänger und Musikanten zu finden.

KLINGENDES ÖSTERREICH

Mit Fritz Urban, der als Nachfolger von Rudolf Bayr ORF-Landesintendant wurde, habe ich mich sehr gut verstanden. 1985 stand Gerd Bacher an der Spitze des ORF, und er regte an, die Landesstudios sollten doch gemeinsam eine Fernsehserie produzieren, mit einer sauberen und ehrlichen Heimatbezogenheit. „Nennt es meinetwegen ‚Klingendes Österreich'", sagte er.

Fritz Urban griff die Idee unverzüglich auf und man einigte sich vorderhand auf zwei Kandidaten pro Bundesland für die Präsentation der Sendung. „Casting" war noch ein Fremdwort. Probeaufnahmen sollten gemacht und im ORF-Zentrum in Wien vorgeführt werden. Mein Interesse war gering und als mich Fritz bat, als zweiter Salzburger Kandidat mitzutun, sagte ich aus Höflichkeit zu. Ich wartete auf die Probeaufnahmen. Niemand kam.

Mitte Jänner 1986 sollte in Wien die Entscheidung fallen und ich meinte zur Helli: „Gott sei Dank ist dieser Kelch an mir vorübergegangen." Eine Täuschung. Gerd Bacher und Ernst Wolfram Marboe riefen beide: „Das ist er!", als sie die Grenzsteinszene aus dem Untersberg-Film sahen. Damit begann für mich ein neuer Lebensabschnitt.

Weil „Klingendes Österreich" eine Provinzsendung war, glaubte ich nicht, dass sie lange am Leben bleiben würde. Ebenfalls eine Täuschung, wie ich heute nach mehr als 170 Sendungen sagen kann. Unvergesslich bleibt mir ein Fernschreiben nach der ersten Sendung, in dem mir der Generalintendant Gerd Bacher großes und herzliches Lob zollte.

Für mich kam das einer Nobilitierung gleich.

GERD BACHER

Meine Verehrung für ihn reicht weit zurück. Er schrieb damals in einer Zeitung über den Bergrettungsdienst, dem auch ich angehörte, in einer Form, die jede Alpin- und Opferromantik vermied, aber die Tatsachen würdigte. Seinen Werdegang habe ich bewundernd verfolgt und als er nach seiner zweiten Amtsperiode abtrat, bedauerte ich das sehr.

Jahre später, bei der Beerdigung von Rudolf Bayr, sahen wir uns wieder. Ich war entschlossen, mit dem „Klingenden Österreich" aufzuhören, mein Leben in ruhigere Bahnen zu lenken. Daraus wurde nichts. Bacher war zum dritten Mal in die Generalsetage des ORF eingezogen und mit der Bemerkung, wenn er mit fünfundsechzig noch das Ruder in die Hand nähme, könne ich mit sechzig doch nicht aufhören, stimmte er mich um. Das und die in edlem Wein ertränkte Trauerstimmung haben mich überzeugt.

Mit ihm und seiner Frau Christine unternahmen wir etliche schöne Bergtouren. Bei einer Umrundung der Drei Zinnen in den Sextener Dolomiten gerieten wir in ein schweres Gewitter. Peitschender Eisregen durchnässte uns bis auf die Haut, aber in den Augen des Alten las ich nur Begeisterung. Der einst exzellente Kletterer war im Toben der Elemente wieder jung geworden.

MEINE FERNSEHFAMILIE

Durch „Klingendes Österreich" wurde ich wieder zum Lehrling. Ich musste lernen, mich dem Flechtwerk der menschlichen und technischen Notwendigkeiten unterzuordnen, ohne meinen Selbstwert zu verlieren.

Im Vergleich mit anderen Produktionen sind wir ein kleines Team, in dem jeder Einzelne unersetzlich ist. Kameraleute, Assistenten, Redakteure, Hubschrauberpilot, Bildmeister, Tonmeister, Inspizient, Produktionsleiter und schlussendlich der die ganzen Kräfte bündelnde Regisseur lassen so ein Gesamtwerk entstehen. Der Einzelne hat sich bedingungslos zu fügen.

Wir machen um unsere Arbeit kein großes Trara, unser Auftreten ist bescheiden, was oft als billig missverstanden wird. Das laute Dröhnen der Werbetrommel ist uns fremd. Alles braucht seine Zeit und auch beim Fernsehen muss man darauf achten, die Fehler – wie ein Hund seine Flöhe – loszuwerden.

Ein guter Umgangston versteht sich von selbst, Geselligkeit ist bei so vielen eigenständigen Menschen eher rar. Den Maskenbildnerinnen bin ich dankbar, weil sie bei mir mit ihren Mitteln recht sparsam umgehen, dadurch bin ich nach dem Abschminken für alle noch erkennbar.

Kurt Liewehr, mein Regisseur-Freund soll bei der Arbeit oft ungeduldig und unwirsch sein. Ich habe davon noch nie etwas zu spüren bekommen, er berät mich mit Geduld und ausgesuchter Höflichkeit.

So sind wir mit den Jahren langsam zusammengewachsen. Unsere Abschiede nach Abschluss der Dreharbeiten sind meistens kurz, dafür ist die Wiedersehensfreude immer groß.

Die langmähnige Elisabeth Eisner war vorher Assistentin meines steirischen Regisseurs Pert Oberhauser, ehe sie nach dessen Pensionierung selbst die Zügel ergriff und Regisseurin für „Klingendes Österreich" wurde. Dass sie diese Aufgabe für das steirische Landesstudio übernahm, war mein Wunsch. Die Produktionen sind ja aufgeteilt zwischen den Landesstudios Salzburg und Steiermark.

Für die Steirer war ich am Anfang ein unbeschriebenes Blatt. Bei der ersten Begegnung im Ausseerland hielten mich die meisten für ein Mitglied einer Musikgruppe, weil ich bescheiden in einer Ecke saß. Sie waren wohl an ein anderes Gehabe gewöhnt.

Pert Oberhauser besaß den sicheren Blick des Operettenfachmannes für eine gute Inszenierung. Bei den Aufnahmen setzte er sich publikumswirksam in Szene, mir gefiel das und ich arbeitete gern mit ihm zusammen. Bei der Elisabeth überzeugt mich neben ihrem fachlichen Können ihre Herzlichkeit. Als ehemalige Jugendführerin ist sie immer um den Zusammenhalt im Team bemüht. Sie hatte es nicht leicht, sich in der Männerwelt durchzusetzen, denn da gibt es keine Quoten. Erst mit ihrer Leistung hat sie die Konkurrenten und Zweifler überzeugt.

Für mich ist die Arbeit mit ihr eine freudvolle, sie geht sehr einfühlsam mit mir um, obwohl sie manchmal mit ungewöhnlicher Beharrlichkeit versucht, ihren Willen durchzusetzen. Mir ist das nur recht und so bin ich mit meinen beiden Fernsehfamilien, der steirischen und der salzburgischen, überaus zufrieden.

HÖHLENMALEREI

Ich hatte das Glück, die Höhle von Lascaux in der Dordogne in Frankreich und jene von Altamira bei Santillana del Mar in Spanien zu besichtigen, bevor sie für das Publikum geschlossen wurden. Die sensationellen prähistorischen Malereien haben mich tief beeindruckt.

Altamira war die älteste Entdeckung und es dauerte viele Jahre, bis man erkannte, dass die auf Höhlenfelsen gemalten Bisons, Hirsche, Pferde und Eber keine Fälschungen, sondern zwischen zehn- und zwanzigtausend Jahre alt sind. Die Höhle ist verhältnismäßig niedrig und uns Besuchern wurde empfohlen, uns hinzulegen und die farbsatten Malereien an der Höhlendecke im flackernden Kerzenlicht auf uns wirken zu lassen – ein unvergessliches Erlebnis.

Lascaux, 1940 entdeckt, übertraf alle Erwartungen. Die Höhlenmalereien waren von einer feinen Kristallschicht überzogen, ein Umstand, der mir half, die Zweifel meiner Begleiter an der Echtheit der Bildnisse in Begeisterung umzuwandeln. Vorerst waren sie der Meinung, es sei alles gefälscht, denn so schön und frisch in den Farben könne kein Bild die vielen Jahrtausende überdauern.

Seither habe ich in Frankreich und Spanien viele Höhlenmalereien sehen dürfen, Altamira und Lascaux bleiben für mich jedoch die Kathedralen, die in ihrem Inneren das bergen, was man als Wiege der

Kunst bezeichnen kann. In das Bedauern, dass beide Höhlen der Allgemeinheit nicht mehr zugänglich sind, mischt sich auch ein wenig Freude, weil ich mich den Glücklichen zuzählen darf, die das Original noch erleben durften.

ALTE KUNST

Die Madonna des Michael Pacher in der Salzburger Franziskanerkirche und sein großer Flügelaltar in St. Wolfgang haben meine Freude, meine Begeisterung für die Kunst geweckt. Der tiefere Grund wird wohl die Sehnsucht nach meiner Südtiroler Heimat gewesen sein. In Bruneck im Pustertal, wo ich einige Jahre zur Schule ging, hatte Michael Pacher seine Werkstatt, in der vor mehr als fünfhundert Jahren auch die unvergleichlichen Figuren für den Altar von St. Wolfgang entstanden sind. Schon als Zehnjährigen nahm mich mein Onkel mit, wenn er – wahrscheinlich auch an Heimweh leidend – St. Wolfgang oder die Franziskanerkirche besuchte. Es war ein Stück Heimat, dem wir mit staunender Ehrfurcht gegenüberstanden, und Stolz war auch dabei, weil der große Meister ein Landsmann von uns war. So kann Kunst Lebenshilfe für Zugewanderte leisten, indem sie ihr Selbstwertgefühl weckt. Mir hat die Pacher'sche Kunst jedenfalls sehr geholfen und wenn ich heute vor der Pacher-Madonna in der Franziskanerkirche stehe, erfüllt mich immer wieder andächtige Dankbarkeit.

Seither begleitet mich ein unstillbares Interesse an gotischen Altären und Skulpturen, das fast schon die Ausmaße einer Sucht annimmt. Ich versuchte, meine Leidenschaft etwas einzudämmen, indem ich meinen Interessensrahmen auf die spätgotische Plastik im süddeutschen Raum einschränkte. Mittlerweile weiß ich, dass ein Leben – und sei es noch so lang – zu wenig ist, um nur diesen einen Seitenstrang der Gotik zu erfassen. Andererseits hört auch das Wünschen und Träumen nie auf und es ist schön, dass so vieles davon in Erfüllung geht.

Die Südtiroler Flügelaltäre von St. Sigmund, Bozen, Gries, Pinzon, Latsch und Niederlana; in Oberösterreich Gampern, Hallstatt, Kefermarkt, Pesenbach und Waldburg; der Schnitzaltar von Mauer bei Melk, Maria Laach, der Zwettler Altar in der Nähe von Brünn ... Ich muss meine Freunde immer warnen, dieses Thema anzuschneiden, weil ich einfach nicht aufhören kann mit meinen Schilderungen und Aufzählungen.

Die Beschränkung auf den süddeutschen Raum hat mich beispielsweise gelehrt, dass die Kunst schon immer alle Grenzen gesprengt hat, es also sinnlos ist, sie in ein geografisches oder politisches System einordnen zu wollen. Von Sizilien bis Skandinavien, von den Karpaten bis zu den Pyrenäen, in Spanien, in Portugal, überall begegnet man Kunstwerken aus dieser eigentlich kurzen Zeitspanne der Spätgotik. Schwabach, Isenheim, Freiberg in Sachsen, Creglingen, Schleswig, Breisach, alle habe ich gesehen, aber ich leide immer noch nicht an Überdruss. Im Gegenteil, das Verständnis und die Freude werden tiefer. Dazu gesellt sich das Wissen, nur einen winzigen Bruchteil des unermesslichen Schatzes zu kennen, den begnadete Künstler im Lauf der Jahrhunderte für die Nachwelt geschaffen haben.

Womit ich mit diesen Zeilen wieder einmal bewiesen habe, wie leicht die Pferde mit mir durchgehen, wenn mein Herzensthema auf dem Spielplan steht.

ABSTRAKTE KUNST

Im tiefen Schnee kam er heraufgewatet und ich ging ihm entgegen, nahm ihm den Rucksack ab und spurte ihm voraus. Das hat er mir nie vergessen und so entstand eine lebenslange Freundschaft. Eine Freundschaft, die ohne große Worte und ohne viele Begegnungen auskam. Er war kriegsversehrt, trug eine Beinprothese, hatte in München an der Kunstakademie studiert und als ich ihm beim Zeichnen und Malen zusehen durfte, fand meine Bewunderung keine Grenzen. Das wird ihm gutgetan haben, denn er malte ein Bild von mir. Man stelle sich vor, ein Fünfzehnjähriger in Pastell! Ich war sehr stolz. Jahre später, er war als Künstler schon anerkannt, erhielt öffentliche Aufträge und hatte sich vom Gegenständlichen ab- und dem Abstrakten zugewandt, war ich immer noch der Pepp für ihn und er erläuterte mir mit Engelsgeduld und eindrücklichen Beispielen, warum er sich für eine Kunstform entschieden hatte, die nicht dem Geschmack und schon gar nicht dem Verständnis der Allgemeinheit entsprach. Leicht fiel es ihm nicht, mich zu überzeugen, war ich doch in einem Alter, in dem man gerne widerspricht. Es ist ihm schließlich sehr gründlich gelungen und so verdanke ich ihm eine Sichtweise, die mir mehr als alle Bücher geholfen hat, das Wesen der Kunst – zumindest ansatzweise – zu begreifen. Bei aller Berühmtheit und Anerkennung, deren er im Leben teilhaftig wurde, ist er mein Freund geblieben und ich sein Pepp.

DAS PLAKAT

Jahrelang hing bei uns daheim ein Plakat, das den „Harlekin“ aus der Rosa Periode von Pablo Picasso zeigt. Das Original befand sich ursprünglich in der Galerie Stechlin in Basel und sollte verkauft werden. Den Basler Kunstfreunden war das nicht recht und sie brachten in einer breiten Sammelaktion die nötige, sehr große Summe auf, erwarben das Bild und schenkten es dem Kunstmuseum ihrer Stadt. Als Picasso davon erfuhr, war er von der kulturellen Begeisterung der Basler Bürger dermaßen angetan, dass er dem Museum zwei Gemälde zum Geschenk machte. Das Plakat, mit dem für den Ankauf des „Harlekins“ geworben wurde, haben wir in Basel gekauft, denn als wir die Geschichte erfuhren, hieß es nur noch: „Auf nach Basel!“ So fuhr die ganze Familie über Straßburg und Colmar nach Basel, und von dem Eindruck, den der „Harlekin“ auf uns machte, wollten wir noch länger zehren. Daher das Plakat.

So sind es immer wieder auch Geschichten, wahre und erfundene, die ein Kunstwerk emporheben in die höheren Sphären der allgemeinen Aufmerksamkeit. Auf der Heimfahrt besuchten wir Tiefenbronn, um eines der Hauptwerke der Altdeutschen Malerei, den Magdalenenaltar von Lucas Moser aus dem Jahre 1431 zu sehen. Unser erlebnisreicher Ausflug war also den Bürgern von Basel zu verdanken und es ist schon etwas Besonderes, wenn man sich in unserer Zeit an einen Bürgeraufstand zugunsten eines Kunstwerks erinnern darf.

KUNSTEMPFINDEN

Bevor man vor einem Werk eines unserer großen Künstler steht, hat man meistens schon viel darüber gelesen. Leonardo da Vinci, Michelangelo, Botticelli, Dürer, Holbein, Grünewald, Goya, Picasso, Renoir, Matisse – obwohl man sie nicht kennt, sind sie einem vertraut durch Reproduktion, Biografie, Roman und Film. Dann eines Tages stehst du davor, staunst, bewunderst, atmest auf, weil die Last des unerfüllten Traumes von dir genommen ist. Andererseits lässt dich vieles von dem, was du dir als glückliches Ereignis herbeigewünscht hast, erstaunlich kalt. Wie zum Beispiel die „Mona Lisa" im Louvre: Hinter Glas und vom schaugierigen Publikum bedrängt, bleibt sie auf Gefühlsdistanz.

Langsam beginnst du zu begreifen, dass die plakative Wahrnehmung zu wenig ist, um einem Kunstwerk und seinem Schöpfer nahezukommen, und dass der Wert nicht nur von Berühmtheit, Preis und Hintergrundepisoden abhängig ist. Dein ganz persönliches Empfinden weist dir den Weg und so kannst du, wenn du reiner Kunst gegenüberstehst, reines Glück empfinden; ohne tieferes Wissen, unbelastet von Expertenmeinungen, kann dich eine naive Zeichnung genauso entzücken wie „Der Mann mit dem Goldhelm", auch wenn du weißt, dass es sich um eine Fälschung handelt.

DER ROSENKAVALIER

Wir hatten in zehnstündiger Kletterei die Watzmann-Ostwand durchstiegen und als Anerkennung für unsere Leistung bekamen wir von einem Bergfreund zwei Karten für die Salzburger Festspiele geschenkt. An dem Abend nach der Bergtour wurde „Der Rosenkavalier“ von Richard Strauss gegeben. Mein Kletterpartner lieh mir einen seiner Anzüge, Hemd, Schuhe und Krawatte, und schon war die äußerliche Umwandlung vom Berg- in den Kulturmenschen vollzogen. Auch heutzutage machen Kleider immer noch Leute.

Nach einer konzertanten Aufführung der „Zauberflöte“ für verwundete Soldaten und Hitlerjugend gegen Ende des Krieges durfte ich nun voller Unverständnis, aber mit großer Begeisterung Orchester, Sänger und Bühnenbild einer großen Oper in mich aufnehmen. Überfordert durch all diese Eindrücke, schlief ich bald ein. Meinem Nachbarn ging es ebenso, und sobald sich unsere Köpfe im Schlaf berührten, wurden wir wieder munter. Trotz allem war es ein prägendes Erlebnis. Das Wort „vom Herrn, der es den Seinen im Schlafe gibt“ scheint für mich, zumindest in diesem Fall, zutreffend gewesen zu sein.

Fast sechzig Jahre sind seither vergangen, „Don Giovanni“, „Fidelio“, „Wozzek“, „Maskenball“, „Lucia di Lammermoor“ und „Der Fliegende Holländer“ sind zu meinen Fixsternen am Opernhimmel geworden und in seinem Mittelpunkt strahlt selbstverständlich „Der Rosenkavalier“. Auch ohne alpine Sonderleistungen erbracht zu haben, bekam ich noch öfter Festspielkarten geschenkt. In Salzburg daheim zu sein, ist so gesehen ein reiner Glücksfall.

MEIN OPERNAUFTRITT

Auf der Bühne eines großen Opernhauses zu stehen, singend und Hand in Hand mit einer weltberühmten Sängerin den Beifall des Publikums zu genießen, das dürfte für viele Opernenthusiasten wohl immer ein Traum bleiben.

Mich hat so ein Traum nie heimgesucht. Auf einer Opernbühne zu agieren, schien mir so nebelhaft und unwahrscheinlich wie Münchhausens Ritt auf der Kanonenkugel, deshalb glaubten meine Freunde auch an einen schlechten Scherz, als ich ihnen von meinem Engagement an die Grazer Oper erzählte. Leider hatte ich keine Wetten abgeschlossen und der Sachverhalt war folgender: An der Grazer Oper fanden in der Vorweihnachtszeit immer Adventveranstaltungen statt, mit Lesungen, Stubenmusik und heimeligem Bühnenbild. Direktorin der Oper war damals die von mir hoch verehrte Kammersängerin Gundula Janowitz. Ich durfte die Kunst der großen Dame bei Aufführungen der Salzburger Festspiele mehrmals erleben. Und als ich von ihr die Einladung erhielt, an vier Grazer Adventabenden in der Oper mitzuwirken, sagte ich freudig zu.

Ich saß also an einem steirischen Jogltisch auf der Bühne des Grazer Opernhauses, erzählte Geschichten aus meinem Leben und genoss die adventliche Stimmung um mich herum. Am Ende jeder Vorstellung erhoben sich alle Mitwirkenden und sangen, sich an den Händen haltend, das alte schöne Volkslied „Es wird scho glei dumper, es wird scho glei Nocht". Und an meiner Seite ertönte die wunderbare, unvergleichbare Stimme der Gundula Janowitz.

So kann ich also mit Fug und Recht behaupten, auf der Bühne eines großen Opernhauses, Hand in Hand mit einer weltberühmten Sängerin, gesungen zu haben. An eine Wiederholung des Ereignisses war nicht zu denken, weil mein Vorrat an Episoden aus meinem Leben aufgebraucht war, und so bleibt mir der Traum, den ich nie geträumt habe, in schöner Erinnerung.

URAUFFÜHRUNG IN OBERALM

Das Ensemble Wien-Berlin hat gespielt, Karlheinz Hackl hat gelesen, Werke von Janáček, Ligeti und Beethoven wurden dargeboten und als Höhepunkt kam ein Werk des jungen Salzburgers Anton Gmachl zur Uraufführung. Das Publikum, zu dem auch wir gehörten, war begeistert, der Applaus in der vollbesetzten Halle wollte kein Ende nehmen.

Das alles geschah in Oberalm, einem Ort zwischen Salzburg und Hallein. Matthias Schorn, der begnadete Klarinettist der Wiener Philharmoniker, hat dort die internationalen Musiktage „Palmklang" aus der Taufe gehoben. Ein erfolgsgekröntes Unterfangen, das mittlerweile – unterstützt von Gemeinde und Sponsoren – höchstes Ansehen genießt. Wir lassen uns selten eine der stets ausverkauften Aufführungen entgehen.

„Synthese", von Anton Gmachl als Auftragskomposition für „Palmklang" geschaffen, wurde von Oberalm aus auf den Weg in die Konzertsäle der Welt geschickt und wir durften Zeugen der Geburt sein. Eine Uraufführung ist wie eine Erstbesteigung: Der Komponist muss ähnlich dem Kletterer in der kompakten Masse des unmöglich Scheinenden die feinen Risse finden, an denen er sich emporkämpfen kann. Und was nach vollendeter Tat für den einen das Rauschen des Gipfelwindes, ist für den anderen der brausende Beifall, der sich in das große Aufatmen mischt.

Die sechs Bagatellen von György Ligeti habe ich vor vierzig Jahren zum ersten Mal gehört und abgelehnt, weil ich so eine Musik einfach nicht verstanden habe. Waren es früher kundige Freunde, die mir das Begreifen erleichterten, so habe ich jetzt gespürt, dass auch die vielen Jahre gute Lehrmeister gewesen sind.

KINO

Wir gehen nur mehr selten ins Kino, aber wenn wir es tun, sind wir immer noch wie in alten Zeiten vom Geschehen auf der Leinwand – ist es überhaupt noch eine Lein-Wand? – ergriffen. Was waren das für Kinoerlebnisse! „Lumpazivagabundus", „Eroica", „Paganini", „Destry reitet wieder", „El Cid", „Ben Hur", „Quax, der Bruchpilot", „Bitterer Reis", „Helden", „Doktor Schiwago", „Der brave Soldat Schwejk" – eine schier endlose Parade verschiedenster Handlungen, Inhalte, Darsteller zieht da über den Horizont der Erinnerung dahin.

Oft musste man sich für die Kinokarten vor der Kassa anstellen. Saß man endlich im Saal, kam meistens der Mann mit der Flit-Spritze. Der Geruch des versprühten Desinfektionsmittels war nicht unangenehm, weil er mit der Erwartungshaltung des Publikums verwoben war: Kulturfilm, Wochenschau und endlich der Hauptfilm. Noch Tage später wurde über besondere Kinoereignisse debattiert, denen, die den Film nicht gesehen hatten, der Inhalt erzählt.

Das alles klingt so altmodisch, so vorgestrig, führt uns aber in eine Zeit zurück, in der die Leute noch miteinander redeten und die Filmschauspieler in viel höherem Ansehen standen als heutzutage. Ich habe mich nie bemüht, einen Preisvergleich, im Verhältnis zum Einkommen, zwischen damals und heute anzustellen. Meinem Gefühl nach war Kinogehen ein eher billiges Vergnügen. Auch wenn das Rascheln des Zuckerlpapiers niedergezischt werden musste, blieb am Ende doch der Gedanke, etwas Schönes erlebt zu haben, an einem haften.

Der Film hieß „Calabuig“. Die Handlung spielte in einem kleinen Fischerdorf an der damals noch unberührten spanischen Mittelmeerküste. Ein Wissenschaftler, der im streng geheim gehaltenen Raketenbau tätig war, hatte Angst vor der eigenen Erfindung und ihren möglichen Auswirkungen bekommen und sich in der Hoffnung, unentdeckt zu bleiben, in das Dörfchen zurückgezogen. Natürlich unter falschem Namen, weil schon nach kurzer Zeit landesweit nach ihm gefahndet wurde.

Der Professor wohnte bei einfachen Leuten, freundete sich mit einem kleinen Buben an, spielte am Dorfplatz mit den Fischern Domino und schien glücklich zu sein. Der Ortspolizist von der Guardia Civil kannte natürlich das Fahndungsblatt, aber weil ihm der Professor als Domino-Partner wertvoll war, unterdrückte er den keimenden Verdacht. Und dann näherte sich der große Feiertag, an dem alle Küstenorte darin wetteiferten, wer das schönste Feuerwerk, die größte Rakete in den Himmel schoss.

In unserem Dörfchen war die Niedergeschlagenheit groß, weil man, wie in den vielen Jahren zuvor, damit rechnen musste, in dem feurigen Geschehen keine Rolle zu spielen. Dem Professor taten die Leute leid, besonders sein kleiner Freund, der ihn mit Tränen in den Augen bat, ihnen doch beim Bau einer Rakete zu helfen. Die Idee, ihn zu bitten, ging vom Polizisten aus, der mittlerweile begriffen hatte, dass sein Domino-Partner der gesuchte Raketenexperte war. Der Professor half, obwohl er wusste, dass die Idylle nach dem Aufstieg seiner Rakete zu Ende sein würde. So war es auch. Und als die Rakete ihren mächtigen Feuerschweif in den Himmel zog, standen Sieg und Abschied fest.

Im Kino habe ich mich immer der Illusion hingegeben. Etwas, das mir teilweise bis heute geblieben ist, weil es manchmal besser ist, wenn man den Tatsachen nicht direkt ins Auge schauen muss. Die Kinogewohnheit habe ich später auf das Radio übertragen, fast jedes Wort geglaubt, das ich gehört habe, selten etwas hinterfragt oder in Zweifel gezogen. Das war eine schöne Zeit im Schutz einer fast kindlichen Einfalt. Im immer stärker wehenden Wind der Alltagssorgen war das Radio eine kleine Insel der Windstille, des Glücks. Für viele Menschen hat es sicher auch heute noch diese Bedeutung, Gott sei Dank!

Fast sieht es jetzt so aus, als wollte ich dem „Kopf in den Sand stecken" das Wort reden, der fatalen Form der Realitätsverweigerung. Doch unlängst habe ich gelesen, dass der Straußenvogel den Kopf gar nicht in den Sand steckt, sondern nur so tut, um seinen Feinden einen Strauch vorzutäuschen. Mit erhobenem Kopf wäre ihm das wohl nicht möglich.

So können Illusionen zur Erhaltung von Glücksmomenten beitragen, indem sie der Realität einen Paravent vorschieben und so das zarte Pflänzchen Glück vor den rauen Winden der Wahrheit schützen.

MUSEUM

Ein Leben ohne Museumsbesuche ist für mich undenkbar.

Begonnen hat es mit dem Haus der Natur in Salzburg. Damals, 1940, hieß es noch Naturkundemuseum und galt als ideale Ergänzung des Schulunterrichts. Das Gegenstück, das Städtische Museum, hortete die Pracht der alten Bischofsstadt und wurde im Krieg durch Fliegerbomben zerstört. Heute sind die beiden für mich immer noch unverzichtbaren Einrichtungen in anderen Gebäuden und neuen Räumlichkeiten untergebracht und die Besucherzahlen haben sich vervielfacht.

Vervielfacht hat sich im Laufe meines Lebens auch die Anzahl der von mir besuchten Museen. Was waren das für Sehnsüchte und Wunschträume, einmal das Kunsthistorische in Wien, einmal die Uffizien, einmal den Louvre, das Britische Museum, den Prado, kurzum die großen Sammlungen Europas sehen zu dürfen. In dieser Hinsicht hat mir das Leben viel mehr geschenkt, als ich jemals vom Christkind erhoffen durfte.

Museen verwandeln dich vom Gourmand zum Gourmet, vom Vielesser zum Feinschmecker, vom alles fressenden Menschentier zum subtilen Genießer. Du merkst, es sind nicht immer die Berühmtheiten, die dir ans Herz rühren. Glück und Freude, die beiden Geschwister, begleiten dich auch oft in das Unscheinbare, in ein kleines Provinzmuseum, in ein Heimatmuseum, zu skurrilen Sammlungen – und immer wieder in die von ihnen angeregten, unendlichen Gefilde der menschlichen Fantasie.

FORTSCHRITT

Unser norwegischer Freund hat uns den Rat gegeben, als Gastgeschenk für seine Verwandten Kerzen mitzunehmen. Und tatsächlich, die Onkel und Tanten verstanden die Kerzen als Symbole des Lichts. Im Sommer weicht da oben das Tageslicht fast nie der Dunkelheit der Nacht. Dagegen sind die Winternächte endlos und der Schein einer Kerze bedeutet den Menschen mehr als der Griff zum Lichtschalter.

Mit dem Fischer durften wir zu seinen Fanggründen fahren, mit einem Boot, das wir am Wolfgangsee sicher nicht bestiegen hätten, so klapprig und schmierig sah es aus. Der Fischer-Onkel meinte trocken, mit diesem Boot sei er schon öfters zu den Shetland-Inseln hinübergefahren. So ist halt der Unterschied zwischen Arbeit und sportlichem Vergnügen; der eine riskiert sein Leben für einen guten Fang, der andere für ein Abenteuer.

Beim Bauern tischte uns die Tante Schinken, Lachs und als besondere Spezialität geräucherten Schafskopf auf, dazu gab es Tee. Der Bauern-Onkel wunderte sich, weil wir dem Lachs so zusprachen und die eigentliche Delikatesse, den Schafskopf, verschmähten. Mit gemischten Gefühlen schauten wir unserem Freund zu, wie er den geselchten Schädel abfieselte und mit sichtlichem Behagen die Augen verspeiste.

Vor dem Bauernhaus wälzte ein schnell fließender, kristallklarer Fluss sein Wasser dem Meer zu. Der Bauer lud mich freundlich zum Lachsfischen ein und wunderte sich ein zweites Mal, als ich mit der Begründung ablehnte, ich sei kein Fischer. Für ihn war Lachsfischen eine Arbeit wie alle anderen Tätigkeiten auf dem Hof.

Apropos Kerzen: Daheim habe ich im Bett immer bei Kerzenlicht gelesen. Die Eltern meinten zwar, das würde meinen Augen schaden, und nicht nur deshalb rieten sie mir vom Lesen ab. Heute glaube ich, meine Lesewut war ihnen unheimlich und außerdem gab es genug nützlichere Tätigkeiten als die brotlose Kunst des Lesens.

Viele Jahre später, mein Vater erlebte es nicht mehr und die Mutter verbrachte ihren Lebensabend unten in Werfenweng, wurde mein ehemaliges Daheim, die Söldenhütte, an das Stromnetz angeschlossen. Es gab zu diesem Anlass eine Lichtfeier, schöne Reden wurden gehalten und als der Schalter betätigt wurde, erlosch mit der Helle des elektrischen Lichts eine Ära. Vorbei das Fauchen der Petroleumgaslampe, vorbei der Kerzenschein am Nachtkastl, vorbei das Zurechtschneiden des Dochts, damit der Zylinder der Lampe nicht rußig wurde. Ich habe dem allen keine Sekunde lang nachgeweint, sogar die Transformatorenstation auf der Almweide habe ich als Denkmal des Fortschritts gesehen.

Neben den vielen Vorteilen, die das elektronische Zeitalter für die Menschen gebracht hat, sollte man auf die Nachteile nicht vergessen. Am auffälligsten merkbar für mich, als ehemaligen Briefmarkensammler, ist der Niedergang der Philatelie und somit das Schrumpfen der postalischen Markenvielfalt. Kein Computer kann den Bildungsverlust wettmachen, der mit der Briefmarke dahinschwindet. Welch wunderbare Gesprächsthemen ergaben sich da oft unter Menschen, die ohne diese Völker verbindende Welt der kleinen Bilder nie ein Wort miteinander gewechselt hätten.

Briefmarkensammeln war Wissensmehrung als Spiel, geistige Sinnesfreude. In Zeiten der Armut, des ideologischen Eingesperrtseins, der Not und des Krieges schenkte dir ein Blick in das Briefmarkenalbum reichen Stoff für deine Fantasie, ein Fenster zur weiten Welt wurde da aufgestoßen. So wird vom Fortschritt auch ein kleines Glück zu Grabe getragen.

An die regelmäßige Benützung des kleinen Mobiltelefons habe ich mich schnell gewöhnt. Zu überzeugend sind die Vorteile der schnellen Wortverbindungen. Unser Enkel besitzt auch so ein Gerät, nimmt es jedoch selten in Betrieb, weil er als sparsamer Junge die Kosten scheut.

Mir werden immer wieder die Vorteile, die diesem Wunder innewohnen, erklärt, wie man damit eins werden kann, in Kommunikation mit der ganzen Welt. Auf mich bezogen ist das alles verlorene Liebesmüh, denn mich interessiert nicht einmal, was SMS bedeutet.

Und wenn ich das fremde Wort „Mail" höre, das nach meiner altväterlichen Auslegung „Brief" heißen soll, gebe ich mir immer den Anschein totaler Ratlosigkeit. Nur so gelingt es mir, weiteren Missionierungsversuchen zu entrinnen.

Bliebe ich bei der Wahrheit, müsste ich zugeben, dass ich mich verweigere, und für meine Ablehnung gibt es mannigfache Gründe: Bei allem Fortschritt, den sie uns suggerieren, machen diese Wundergeräte den Benutzer süchtig, nehmen ihm das freie Denken, machen ihn zum Sklaven, der wie ein Hofhund an der Kette liegt, mit dem Unterschied, dass der Hund in der Wahrnehmung seiner Umgebung dem süchtigen Bildschirmschauer weit überlegen ist. Man mag mich als vorgestrig betrachten oder für einen uneinsichtigen Idioten halten, ich bin mit meinem Zustand glücklich und zufrieden. Es geht mir besser wie jedem Hofhund und meine Sucht beschränkt sich zeitweise auf Tiroler Knödel und ein paar Gläser guten Weines. Die sich von Woche zu Woche unheimlich fortentwickelnde, elektronische Abhängigkeitsindustrie kann mir gestohlen bleiben, solange es ihr nicht gelingt, Tiroler Knödel mit Sauerkraut aus dem Bildschirm hervorzuzaubern.

NICHT UM JEDEN PREIS

Ein sicheres, wenn auch bezweifeltes und missachtetes, Lebensrezept ist die Anpassung. In der Pflanzen- und Tierwelt bedeutet Anpassung Überlebensgarantie. Bei uns Menschen artet sie oft in Unterwürfigkeit oder Feigheit aus, obwohl solche Eigenschaften manchmal lebenswichtig sind.

Von den Soldaten, die im Zweiten Weltkrieg an der Front waren, bekam ich oft zu hören: „Wenn du überleben willst, darfst du nicht auffallen. Dränge dich nie in die erste Reihe, melde dich nie freiwillig. So bleibt dir zwar der Weg zum Heldentum verschlossen, aber die Chance, am Leben zu bleiben und die Heimat wiederzusehen, ist größer."

Übrigens, was ist Heimat? Die Frage bekomme ich oft zu hören. Im Krieg, in der Not hörte man sie nie. Heimat ist ein Konglomerat aus Gefühlen, Bindungen, Landschaften, Gewohnheiten und immer wieder Menschen, die man mag und von denen man hofft, dass sie dieses Gefühl erwidern. Mich stört es nicht, wenn ich deswegen der Anpassung geziehen werde. Es ist ja keine Unterordnung damit verbunden, sondern eine Einordnung. Und „Ordnung muss sein" begleitet uns ja das ganze Leben und wehe uns, wenn die öffentliche Ordnung durch den Staat nicht mehr gewährleistet wäre.

Als Anpassung mag auch unser Umgang mit den Hütern des Gesetzes gelten, wenn wir schlechten Gewissens sind. Wie freundlich und höflich, wie angepasst wir auf einmal sein können! Frechheit oder Grobheit sind dazu keine Alternativen und können daher als Dummheit gelten. Elternhaus, Kindergarten, Schule, Beruf – Anpassung ist überall gefordert. Aufmucken, herrisches Gehabe an den Tag zu legen, wird bestenfalls als Manko im Sozialverhalten gesehen.

So bleiben also nur die Oberen von der Anpassung ausgenommen? Es scheint so. Der ständig um seine Existenz besorgte kleine Mann hat keine andere Wahl. Da helfen weder Gewerkschaft noch Konvention der Menschenrechte. Den Oberen kannst du nur mit Mitteln, die einst den Hofnarren zugestanden wurden, am Zeug flicken. Eine dieser Größen der Lächerlichkeit preiszugeben, kann Glücksgefühle bescheren. So etwas kommt recht selten vor, aber im Sinne der ausgleichenden, aber anpassenden Gerechtigkeit blamieren sich die Oberen in ihrem Größenwahn und in ihrer unendlichen Eitelkeit oft selbst. Wer sich für etwas Besseres hält, muss deswegen noch lange nicht gut sein. Was hilft einem Reichtum, wenn Würde fehlt? Und doch sind solche Worte nur ein schwacher Trost für arme Schlucker und Ducker.

Nicht alles im Leben lässt sich mit Humor und Gleichmut ertragen. Aber es steht auch nirgendwo geschrieben, dass man sich alles gefallen lassen muss. Jeder von uns hat seine seelische Schmerzgrenze und wer die verletzt, wird von der Kraft überrascht sein, die ihm da plötzlich entgegenschnellt, wie wenn der brave Hund plötzlich die Zähne fletscht, die liebe Katze böse faucht und die Krallen ausfährt, der Kanarienvogel zu fluchen beginnt; oder auch von der Energie, die zutage tritt und Unglaubliches zu vollbringen vermag – im Guten wie im Bösen.

Anpassung, wie ich sie verstehe, heißt also nicht Unter- oder Einordnung um jeden Preis, sondern mit Maß und Ziel. Wenn wir, wie wir es so oft tun, von Menschen anderer Kulturkreise volle Integration verlangen, sollten wir Maß und Ziel nicht aus den Augen verlieren. Gerade uns Österreichern stände es gut an, in der Ahnenkiste zu graben. Ob der böhmische Schuster, die ungarische Köchin, der italienische Maurer sich anzupassen verstanden? Spätestens ihre Kinder haben es getan. Heute sind es andere Länder, andere Berufe, andere Menschen, aber eines Tages werden auch sie Eltern oder Großeltern von Österreichern sein.

GENUSS UND GESUNDHEIT

Für die Pflege meiner Gesundheit mangelt es mir seit je an Vorbildern. An den Mageren will ich mich nicht orientieren und nach denen, die mir ähnlich sind, brauche ich mich nicht zu richten. Ungesund zu leben, so wie ich es tue, hat auch seine guten Seiten. Es liegt an der Mode unserer Zeit, sein Innerstes nach außen zu kehren, seine geheimen Neigungen vor der Öffentlichkeit auszubreiten. Undenkbar ist es hingegen, sich als bekennender Weintrinker und Speckesser zu bezeichnen.

Mit dem Genuss von tierischen Fetten und den für deren Verdauung notwendigen Getränken – wie Wein, Most oder Schnaps – wird man beschuldigt, das Defizit unserer Gesundheitseinrichtungen zu steigern. Aber was geschieht dann mit den vielen mit uns Sündern befassten Ärzten, Ernährungsberatern, Heilgymnastikern, Psychologen, Handauflegern und mit der aufgeblähten chemischen Industrie, die mit der Herstellung von Schlankheitsrezepten Milliarden verdient?

Mit welchem Recht geht denn einer her, lässt sich Experte nennen und behauptet, das, was mir Genuss bereitet, sei ungesund? Denkt er überhaupt an die wirtschaftliche Katastrophe, die ein gesetzlicher Zwang zum gesunden Leben zur Folge hätte? Haben diese Leute noch nie vom Glücksgefühl des Sattseins gehört?

Meine Mutter aß auf ihre alten Tage mit Vorliebe Hühnerfleisch. Zu ihrem Geburtstag wollte ich ihr eine besondere Überraschung bereiten, mit einer Einladung zu den Obauer-Brüdern in Werfen. Vorher habe ich mich mit meinen Freunden Karl und Rudolf Obauer abgesprochen und sie gebeten, für meine Mutter ein Obauer-Menü zusammenzustellen, bei dem jeder Gang in irgendeiner Form mit Huhn zu tun hätte. Es war ein großartiges Essen, mit einer Fülle von Obauer'schen Huhn-Ideen. Beim Verlassen des Hauses sagte meine Mutter dann zu mir: „Und i hab glaubt, i kriag a Hendl!"

Anmerkung: Meine Mutter wäre nie in der Lage gewesen, auch nur ein Viertel eines Festzelthendls zu verkraften.

STILLE HÖREN

Mit der Stille zu leben, scheint eine pure Utopie zu sein. Gibt es sie überhaupt? Auf den Gipfeln der Berge vielleicht, wenn am Himmel kein Flugzeug unterwegs ist und vollkommene Windstille herrscht? Oder irgendwo im dichten Nadelwald zwischen mächtigen Baumstämmen, wenn kein Vogellaut hörbar wird, kein Schuss aus dem Jagdgewehr und keine Motorsäge die Ruhe stört?

Ich habe es mit der Höhlenstille versucht. Wenn du tief im Inneren des Berges ganz allein, ohne Licht in einem großen Höhlenraum sitzt, kannst du die Stille erfühlen, bis dich schließlich ein fallender Wassertropfen und das Echo, das er erzeugt, wieder zurückholt in die Wirklichkeit. Das Licht und das Fauchen der Karbidlampe geleiten dich zurück in jene Welt, für die Stille unvorstellbar ist. Brauchen wir die Stille überhaupt? Man kann sie nicht hören, man kann sie nicht vermarkten, man weiß zu wenig über sie. Überall, wo Leben ist, kann sie nicht sein. Sportlich gesehen ist es auch unmöglich, sie als Gegnerin zum Lärm aufzubauen. Nicht einmal in den Kirchen findet man sie in voller Reinheit. Vielleicht wehren sich viele Menschen auch gegen die Stille, weil ihr ausgesetzt zu sein bedeuten kann, in sich selbst hineinhören zu müssen, eine Konfrontation mit dem eigenen Ich heraufzubeschwören. In sich hineinhören kann aber auch heißen, zu sich selbst und den eigenen Stärken zu finden.

ANGST

Man denkt selten darüber nach, weil es zu den Alltäglichkeiten zählt, mit der Angst zu leben. Die Angst machenden Ungeheuer der Kindheit und der Märchenwelt, Hölle und Fegefeuer wurden abgelöst von der Angst, bestraft zu werden, wegen irgendwelcher Vergehen gegen elterliche oder obrigkeitliche Gewalt.

Als Kind hatte ich Angst, wenn ich allein durch den Wald gehen musste. Der Weg war steil und bevor ich in den Schatten der Bäume eintauchte, betete ich immer ein Vaterunser, unterlegt mit der Bitte, von allen möglichen Gefahren verschont zu bleiben. Die kindliche Gedankenwelt ist ja nicht gerade arm im Erfinden von Schrecklichkeiten, die einem durch Ungeheuer oder böse Menschen widerfahren können. Die Grenze zwischen Wald- und Almgebiet bildete ein hölzerner Zaun und wenn ich das Gatter hinter mir mit dem Holzriegel wieder verschlossen hatte, wich auch die Angst von mir. Das Dankes-Vaterunser habe ich immer gebetet, weil zum Bitten eben auch das Danken gehört.

Es hat nur wenige Jahre gedauert, bis meine Waldangst geschwunden war und der Vorliebe Platz gemacht hatte, in der Nacht aufzusteigen. Den Weg kannte ich ja auswendig und kühler war es auch. Einmal geschah es, dass mir ein Hüterbub folgte. Es war stockfinster und ich hörte und spürte von ihm nichts, bis er an meinem schweren Rucksack zu ziehen begann. Ich ließ mir nichts anmerken, spannte all meine Kräfte an und versetzte dem Überraschten eine ordentliche Watschn. Leider konnte ich sein Gesicht nicht sehen, aber an seiner Stimme erkannte ich ihn und brav wie ein Hund ging er nun hinter mir her.

Man kann die Angst wohl zeitweilig überwinden, aber endgültig besiegen kann man sie nicht, sie hat zu viele Gesichter.

Er hat mir ein Dreißig-Liter-Fass voll Wein versprochen, wenn ich ihn heil wieder auf festen, ebenen Boden hinunterbringe. Er hatte solche Angst vor dem Abstieg durch die steilen Schrofen, obwohl er sich beim Aufstieg nichts hatte anmerken lassen. Als die Anspannung nachließ, nahm ihn die Angst gefangen. Er hatte keinen Blick mehr für die vielen Edelweißsterne, deretwegen wir heraufgestiegen waren. Er zitterte am ganzen Körper, hielt krampfhaft die Augen geschlossen und weigerte sich, vor mir, durch mein Seil gesichert, abzusteigen. Wie es mir trotzdem geglückt ist, ihn unverletzt in Sicherheit zu bringen, das würde bestimmt in kein alpines Lehrbuch passen.

So schnell, wie sie oben gekommen war, hatte ihn die Angst herunten auf dem sicheren Boden wieder verlassen. Und auch das Erinnerungsvermögen war weg. Die Vorfreude auf ein volles Weinfass blieb oben bei den ungepflückten Edelweißsternen.

Die Angst packt einen oft überfallsartig, kann aber auch ganz schnell wieder verschwinden.

Bei uns kommt es hie und da vor, dass die Haustür die ganze Nacht unverschlossen bleibt. Vielleicht ist das auf unsere Zeit oben in den Bergen zurückzuführen, weil Schutzhütten immer offen sein sollten. Angst, dass uns etwas gestohlen werden könnte, haben wir nicht; ein Gleichmut, der bei unseren Freunden und Bekannten einige Verwunderung hervorruft.

Manchmal denke ich darüber nach, warum wir, die Helli und ich, kaum Angstgefühle kennen. Viel hat das natürlich mit Verdrängung zu tun. Die Angst nicht aufkommen lassen, hört man oft sagen. Ein untauglicher Rat für einen, den die Angst schon in ihren Krallen hat. Vielleicht ist es bei uns das Alter, die Nähe des Todes und auch die Fülle des Lebens, das hinter uns liegt, dass keine Angst, keine Furcht in uns aufkommt. Wir hoffen, gesund zu bleiben, ängstigen uns aber nicht davor, krank zu werden, weil wir wissen, wie schnell Unabwendbares eintreten, Schmerzhaftes geschehen kann. Die Hoffnung ist jedenfalls ein wirksames Bollwerk gegen die Angst.

Andererseits bringt es die Angst zuwege, dass sie den Menschen Dinge tun lässt, die jeder Vernunft widersprechen. Schlösser mögen für ruhigen Schlaf sorgen, ob sie die Angst vertreiben können, ist fraglich. Ich kenne eine Dame, die allein ein schönes Haus bewohnt, das mit allen Finessen der modernen Technik gegen Einbrecher und Diebe gesichert ist. Die Dame würde niemals vergessen, die Haustür zuzusperren, die verschiedenen Sicherheitsmechanismen einzuschalten, allerdings verschließt sie vor lauter Angst auch im gut gesicherten Haus alle Türen, einschließlich (welch wahres Wort) ihrer Schlafzimmertür. Um sie im Notfall retten zu können, müssten die Türen mit Brachialgewalt aufgebrochen werden.

Die großen Ängste, so scheint es mir, werden je nach Bedarf geschürt und sollen uns Menschen in einem Spannungszustand halten, in dem wir beliebig manipuliert werden können: Sonnenprotuberanzen, Ozonloch, Waldsterben, neue Eiszeit, globale Erderwärmung, Seuchen, Ende der Erdölvorkommen, das sind bei weitem nicht alle Szenarien, die den Angstmachern eingefallen sind.

Die Sorgen und Ängste des täglichen Lebens begleiten uns sowieso, aber das kleine Glücksfenster, das jedem offen steht, sollte man sich von den Angstspekulanten nicht verdunkeln lassen. Sich freuen über jeden Augenblick des Glücks, und sei er noch so kurz. Zuversicht zeigen, auch wenn es wenig Grund dazu gibt. Zu lachen versuchen, auch wenn einem zum Weinen zumute ist. Die Hoffnung nie aufgeben.

TOD UND LEBEN

Früher haben die alten Leute um eine gute Sterbestunde gebetet, sind nach Altötting oder Mariazell gepilgert, um ihrer Bitte mehr Wirksamkeit zu geben. Obschon ich seit geraumer Zeit den Alten zuzuzählen bin und mir das Beten nicht fremd ist, um eine gute Sterbestunde zu bitten, ist mir noch nie eingefallen. Vielleicht sind es Zweckpessimismus, vielleicht Bauernschlauheit oder einfach Lebensfreude, die mich den Tod nicht fürchten lassen.

Die letzte Stunde lässt sich vielleicht ein wenig verzögern, aber aufhalten kann man sie nicht. Für den Rest unseres langen Lebens gilt für uns das aus der Mode gekommene Wort „Pflichterfüllung", nämlich den Lebensrest so glücklich und zufrieden wie nur irgend möglich zu gestalten. Als da sind: Streit und Unfrieden vermeiden, die Tage sinnvoll gestalten mit Lesen, Musik, Arbeit, Geselligkeit, Wandern, Reisen – und immer wieder in Dankbarkeit zurückdenken, auch an jene Stunden, die dunkel waren und gerade deshalb Ursache für das Licht der Hoffnung mit seinem ewigen Leuchten sind.

PETER, 1976

Schön und ruhig lief unser Leben dahin, im Platzlkeller, unserem Wirtsbetrieb, ging das Geschäft gut. Die Helli und die Oma werkten in der Küche, Peter, der von der Schule genug hatte, volontierte als Kellner, Koch und Schankbursche und erfreute die Gäste mit seinem burschikosen Humor. Karl besuchte das Gymnasium, und einen oder zwei Tage in der Woche war ich unterwegs, um Aufnahmen für meine Radiosendungen zu machen.

Der Sonntag war unser freier Tag. Im Sommer standen wir recht früh auf, um die morgendliche Kühle für den Aufstieg auf einen Berg oder eine Schutzhütte zu nutzen. Gegen die Mittagszeit waren wir wieder bei der Oma daheim, und die Nachmittage galten den Sportübertragungen im Fernsehen. Im Winter dominierte das Skifahren. Peter fuhr immer draufgängerisch und schnell. Unser Leben verlief in ruhigen, harmonischen Bahnen.

Bis zum 6. April 1976. Da stürzte der Himmel über uns zusammen. Als ich abends von einer Skitour im Gasteinertal kommend aus dem Auto stieg, kam mir die Helli schreiend entgegen: „Der Peter ist tot, der Peter ist tot!“ Selbst jetzt, wo ich diese Zeilen schreibe, empfinde ich Schmerz und Leere.

Wir fuhren gleich zum Unfallort in der Nähe von Salzburg. Unser Sohn ist mit dem Auto zu schnell gefahren, der Wagen rutschte auf dem Splitt am Straßenrand weg, überschlug sich und brach dem Peter das Genick. Die Verzweiflung, die uns überfiel, hat kein Gesicht. Lediglich der Gedanke, wie wir das Schreckliche seinem Bruder Karl, der Oma und allen Menschen, die ihn mochten und liebten, mitteilen sollten, hielt uns aufrecht.

Hilflos und von Gott verlassen fühlt man sich.

Der erste Trost stellte sich mit dem Wissen ein, dass der Peter allein war, als er diese Welt verließ. Niemand außer ihm war schuld an diesem Unfall, niemand war gefährdet durch ihn.

Das Mitgefühl, das uns von unzähligen Menschen entgegengebracht wurde, hat uns geholfen, wieder ins Leben zurückzufinden. Es geschah fast jeden Tag, dass Gäste nach dem freundlichen rothaarigen Kellner fragten. Wenn man darauf Antwort geben muss, ist das jedes Mal ein Schock für beide Seiten. Die Arbeit, die Freunde halfen uns wohl über das Ärgste hinweg, aber wir wussten, dass wir nicht nur aus der Tiefe des Kellers, sondern auch aus der Tiefe der Trauer hervorkommen mussten.

Mit Jahresende hörten wir auf, Wirtsleute zu sein. Mein weiterer Werdegang als freier Mitarbeiter des ORF war vorgezeichnet, der Karl schaffte auf Anhieb die Matura und langsam bekam unser Leben wieder Farbe.

Über den Peter haben wir bei jeder Gelegenheit geredet, er ist immer bei uns gewesen. Beim Bergsteigen hielten wir es so: Bergauf schwiegen wir, gingen in großen Abständen, jeder seiner Möglichkeit gemäß. Bergab unterhielten wir uns über ihn, bis wir mit der Zeit begannen, über seine nicht wenigen Lausbubenstreiche zu lachen.

So bleibt er, solange wir leben, bei uns. Er ist keinem Alterungsvorgang ausgesetzt, uns ist er mit seinen kaum zwanzig Jahren der ewige Jüngling. Das sprachlose Entsetzen, das uns bei seinem Tod heimgesucht hatte, wich mit den Jahren der Erkenntnis, den Tod nicht fürchten zu müssen.

DER ENKEL PETER

Es regnete und im Tunnel war die Geschwindigkeit auf sechzig beschränkt, als der Autotransporter mit voller Wucht auf den hinter uns fahrenden Kleinlaster krachte. Die Kraft des Aufpralls bekamen auch wir zu spüren, nach einigen Schrecksekunden fanden wir uns in unserem zerstörten Auto, eingeklemmt zwischen anderen Fahrzeugen, wieder. Außer ein paar Prellungen hatten wir keinen körperlichen Schaden davongetragen. Hilfreiche Menschen befreiten uns aus dem Wrack, unsere Freunde aus Anif umsorgten uns und brachten uns nach Hause. Nach und nach ging uns auf, welch unglaubliches Glück wir hatten, wie dankbar wir sein mussten, weil uns das Schicksal geschont hatte.

Am nächsten Tag fuhren wir mit einem Leihwagen wieder durch den Tunnel, um den Schock loszuwerden. Das fiel uns nicht schwer, denn unsere Gedanken weilten bei unserer Schwiegertochter Maria und dem keimenden Leben, das sie in sich trug.

Am 28. September 2001 – wir waren auf der Brennerautobahn unterwegs – erreichte uns die Freudenbotschaft. Unser Enkel Peter hatte gesund und großäugig das Licht der Welt erblickt. Seither hat sich unser Leben, wie das so vieler glücklicher Großeltern, verändert. Wir hoffen von Jahr zu Jahr, ihn in seinem Heranwachsen erleben zu dürfen. Seine Eltern hüten ihn wie einen kostbaren Schatz – wir alle sind einfach glücklich.

Der Peter fragt oft nach seinem verunglückten Onkel, er will alles über ihn wissen. Wo denn der Onkel Peter begraben sei, fragte er uns. Wir nahmen ihn mit auf den Friedhof und zeigten ihm das Doppelgrab, in dem die Oma und der Peter ruhen. Ich erklärte ihm, dass auch wir beide eines Tages da unten unseren Platz finden würden. Die Helli käme zur Oma, ich zum Peter. Tiefsinnig wie Hamlet schaute er auf das Grab und sprach die Worte: „Da werden sie aber tief graben müssen.“ Verwundert schauten die Friedhofsbesucher zu uns her, als sie unser lautes Lachen hörten.

LEBENSLAUF

1930	Geburt in Rom
1940	mit den Eltern aus Südtirol nach Salzburg ausgewandert
1944	bis zur Zerstörung des Schülerheims Schulbesuch in Salzburg
1950–1952	Hilfsarbeiter bei den Tauernkraftwerken in Kaprun
1952–1955	Lastenträger auf Schutzhütten
1955–1959	Hüttenwirt auf dem Berglandhaus in Großarl
1956	Hochzeit mit Helli und Geburt des Sohnes Peter
1959–1966	Hüttenwirt im Zeppezauerhaus am Untersberg
1959	Geburt des Sohnes Karl
1966–1971	Hüttenwirt in Krippenbrunn am Dachstein
1971–1976	Wirt im Platzlkeller in Salzburg
1974–2006	Verfasser von wöchentlichen Kolumnen im Salzburger Volksblatt und der Salzburg Krone
1975–2000	Gestalter von Hörfunksendungen im ORF
1986 bis dato	Präsentator der Fernsehsendung „Klingendes Österreich“

INHALT

Besonderer Dank an Dr. Karl Forcher

Bibliografische Information der Deutschen Nationalbibliothek
Die Deutsche Nationalbibliothek verzeichnet diese Publikation in der Deutschen Nationalbibliografie; detaillierte bibliografische Daten sind im Internet über http://dnb.d-nb.de abrufbar.

4. Auflage 2012

Lektorat: Josef Rabl
Covergestaltung und Satz: Fuhrer, Wien
Coverfoto: © Anton Wieser, Kraig
Rückseite: www.fotowerk-aichner.at
Schrift: Romain BP Text Regular
Papier: LuxoArt Samt

ISBN 978-3-85033-600-0

Christian Brandstätter Verlag
GmbH & Co KG
A-1080 Wien, Wickenburggasse 26
Telefon (+43-1) 512 15 43-0
Telefax (+43-1) 512 15 43-231
E-Mail: info@cbv.at
www.cbv.at

Gedruckt in der EU